高职院校航空服务类专业规划教材

# 违禁品识别与处置

主编◎刘存绪　唐健禾　辜英智
编著◎刘媛媛　魏　庆　黄怡川

四川大学出版社

项目策划：何　静
责任编辑：何　静
责任校对：王　锋
封面设计：墨创文化
责任印制：李金兰

**图书在版编目（CIP）数据**

违禁品识别与处置 / 刘媛媛，魏庆，黄怡川编著. 一 成都：四川大学出版社，2020.9（2025.1重印）
高职院校航空服务类专业规划教材 / 刘存绪，唐健禾，辜英智主编
ISBN 978-7-5690-3377-9

Ⅰ．①违… Ⅱ．①刘… ②魏… ③黄… Ⅲ．①民用航空－安全检查－高等职业教育－教材 Ⅳ．① F560.81

中国版本图书馆 CIP 数据核字（2020）第 162924 号

| 书　名 | 违禁品识别与处置 |
|---|---|
| 主　　编 | 刘存绪　唐健禾　辜英智 |
| 编　著 | 刘媛媛　魏　庆　黄怡川 |
| 出　　版 | 四川大学出版社 |
| 地　　址 | 成都市一环路南一段24号（610065） |
| 发　　行 | 四川大学出版社 |
| 书　　号 | ISBN 978-7-5690-3377-9 |
| 印前制作 | 四川胜翔数码印务设计有限公司 |
| 印　　刷 | 成都市新都华兴印务有限公司 |
| 成品尺寸 | 185mm×260mm |
| 印　　张 | 10.5 |
| 字　　数 | 168千字 |
| 版　　次 | 2020年9月第1版 |
| 印　　次 | 2025年1月第9次印刷 |
| 定　　价 | 35.00元 |

◆ 版权所有 ◆ 侵权必究

◆ 读者邮购本书，请与本社发行科联系。
　电话：（028）85408408/（028）85401670/
　（028）86408023　邮政编码：610065
◆ 本社图书如有印装质量问题，请寄回出版社调换。
◆ 网址：http://press.scu.edu.cn

四川大学出版社
微信公众号

# "高职院校航空服务类专业规划教材"编委会

主　编：刘存绪　唐健禾　辜英智

编　委（以姓氏汉语拼音音序排列）：

陈　刚　　陈蕾吉　　陈璇竹　　辜英智　　顾建庄
黄冬英　　黄怡川　　李桂萍　　李雯婧　　刘存绪
刘　华　　刘媛媛　　卢　坤　　全　瑜　　唐健禾
王　刚　　王俊雷　　王志鸿　　王椤兰　　魏　庆
吴　易

# 前　言

为落实《国家中长期教育改革和发展规划纲要（2010—2020年）》《国家职业教育改革实施方案》确定的"立德树人"的根本任务，遵循《中国教育现代化2035》提出的"以德为先""全面发展""面向人人""终身学习""因材施教""知行合一""融合发展""共享共建"的理念，依据教育部《高等职业学校专业教学标准》及相关行业标准，培养具有较高的专业应用水平和良好的综合素质，熟练掌握民航服务基本技能，适应民航业发展需要的复合型、技能型、应用型高级航空服务专业人才，学院组织专家、学者编写了这套适应"十四五"期间教学需求的高职院校航空服务专业规划教材。

四川东星航空教育集团自2006年创建以来，始终致力于为中国民航培养高素质的航空服务类专门人才。集团旗下的天府新区航空旅游职业学院汇集了一大批热爱民航教育事业的专、兼职教师，聘请了一大批行业专家担任顾问，指导办学。2017年学院组织编写的"十三五"规划民航特色专业统编教材（共16种）由四川大学出版社出版发行后，受到广大师生和同类院校、行业专家的一致好评。

新时期我国民航业的飞速发展，必然会对从业人员提出新的要求。作为培养航空服务专业人才的高等职业院校，我们充分认识到原有的教材体系和内容已经不能满足现实发展的需要。2019年，天府新区航空旅游职业学院成立了"高职院校航空服务类专业规划教材"编委会，启动了对"十三五"规划民航特色专业统编教材的全面修订工作。经过一年多的努力，这套面向"十四五"的高职院校航空服务类专业规划教材即将付梓。本系列教材包括《民航概论》《民用航空法律法规基础》《民航服务心理学》《民航安全检查》《客舱服务英语》等15种。参与编撰的人员有陈刚、陈蕾吉、陈璇竹、辜英智、顾建庄、黄冬英、黄怡川、李桂萍、李雯婧、刘存绪、刘华、刘媛媛、卢坤、全瑜、唐健禾、王刚、王俊雷、王志鸿、王椤兰、魏庆、吴易等。辜英智、刘存绪、唐健禾对全套书进行了审读、统稿并定稿。

在本系列教材的编写过程中,四川大学出版社的编辑提出了许多宝贵的修改意见,民航业界的学者与专家做了权威的指导,相关学者的文章和专著提供了有价值的参考资料和信息,在此一并致以诚挚的谢意。相对于我国高速发展的民航服务业,本系列教材还难以概其全貌,加之编者水平有限,疏漏之处在所难免,恳请读者批评指正。

"高职院校航空服务类专业规划教材"编委会<br>
2020年9月

# 目 录

**项目一　绪论**………………………………………………………（001）
　　任务一　违禁物品和限制携带物品………………………………（001）
　　任务二　违禁物品识别方法概述…………………………………（002）
　　任务三　相关法律法规……………………………………………（006）
**项目二　枪支、军警械具**…………………………………………（013）
　　任务一　枪支………………………………………………………（013）
　　任务二　军警械具…………………………………………………（021）
**项目三　爆炸物品**…………………………………………………（026）
　　任务一　爆炸原理…………………………………………………（026）
　　任务二　炸药………………………………………………………（029）
　　任务三　火工品……………………………………………………（036）
　　任务四　弹药………………………………………………………（040）
　　任务五　爆炸物……………………………………………………（042）
**项目四　管制刀具**…………………………………………………（051）
　　任务一　刀具概述…………………………………………………（051）
　　任务二　常见的管制刀具…………………………………………（054）
**项目五　易燃或易爆物品**…………………………………………（060）
　　任务一　燃烧原理…………………………………………………（060）
　　任务二　易燃气体…………………………………………………（063）
　　任务三　易燃液体…………………………………………………（074）

任务四　易燃固体……………………………………………………（081）
**项目六　氧化剂和有机过氧化物**…………………………………………（091）
　　任务一　氧化剂……………………………………………………（091）
　　任务二　有机过氧化物……………………………………………（096）
**项目七　毒害品和感染性物品**……………………………………………（099）
　　任务一　毒害品……………………………………………………（099）
　　任务二　感染性物品………………………………………………（106）
**项目八　放射性物品**………………………………………………………（109）
　　任务一　放射性原理………………………………………………（109）
　　任务二　放射性物品介绍…………………………………………（111）
**项目九　腐蚀性物品**………………………………………………………（117）
　　任务一　腐蚀原理…………………………………………………（117）
　　任务二　腐蚀性物品介绍…………………………………………（119）
**项目十　其他违禁物品**……………………………………………………（127）
　　任务一　火种………………………………………………………（127）
　　任务二　毒品………………………………………………………（129）
　　任务三　常见的其他违禁物品……………………………………（136）
**项目十一　限制携带物品**…………………………………………………（139）
　　任务一　锐器和钝器………………………………………………（139）
　　任务二　液态物品…………………………………………………（142）
　　任务三　锂电池……………………………………………………（144）
　　任务四　其他限制携带物品………………………………………（146）
　　附录　危险品标志…………………………………………………（149）
　　参考文献……………………………………………………………（157）

# 项目一　绪论

## 任务一　违禁物品和限制携带物品

### 一、违禁物品的定义及分类

违禁物品是指为了保障航空安全,在国家有关法律、行政法规和规章制度中,明文禁止旅客随身携带或者在托运行李中夹带的民航禁止运输的物品。

根据2016年12月2日中国民用航空局颁布的《民航旅客禁止随身携带和托运物品目录》,并参照危险品的国际分类标准以及安检现场的实际工作情况,我们可以将违禁物品分为以下类别。

第一类:枪支、军警械具。

第二类:爆炸物品。

第三类:管制刀具。

第四类:易燃或易爆物品。

第五类:氧化剂和有机过氧化物。

第六类:毒害品和感染性物品。

第七类:放射性物品。

第八类:腐蚀性物品。

第九类:其他违禁物品。

上述违禁物品均具有较大的危险性,如被犯罪分子利用,将会对航空安全构成严重威胁。因此,作为民航安检人员,掌握违禁物品的种类、特点、危害性、常见代表物品,了解各类违禁物品的识别方法和处置方法显得格外重要。只有做到有效识别与处置，才能更好地保障航空器和旅客生命财产的安全。

### 二、限制携带物品

限制携带物品是指根据我国民航局相关规定，旅客乘机时禁止随身携带，但可以作为行李托运的物品，或者指旅客随身携带或作为行李托运的有限定条件的物品。

根据 2016 年 12 月 2 日中国民用航空局颁布的《民航旅客限制随身携带或托运物品目录》，锐器和钝器、液态物品、锂电池、某些生产工具等均属于此范围。

由于限制携带物品可能造成人身伤害，或对航空安全和运输秩序构成危害，因此相关规定对此类物品在携带方式、携带数量以及规格参数等方面均有一定条件的限制，旅客同样应该严格遵守。

## 任务二　违禁物品识别方法概述

目前，安检人员在现场对各类违禁物品的识别，主要是通过仪器识别和手工识别两种方法来进行。违禁物品往往种类繁多、外形特殊且千差万别，有些还被巧妙地伪装，这给安检人员的识别带来了极大的困难。

### 一、仪器识别

最常用的安检仪器有 X 射线机、通过式金属探测门（也称安全门）和手持金属探测器（也称手探）三类，分别对旅客的行李物品和人身进行检查，从而判断旅客是否藏匿有危害航空安全的违禁物品。随着科技的发展，诸如液体检查仪、爆炸物探测器、毫米波人体安检仪等新式安检设备也已被逐步投入实际应用中，发挥着重要作用。

（一）X 射线机

X 射线机利用 X 射线的穿透性，由射线发生器发出一束扇形窄线，对被检

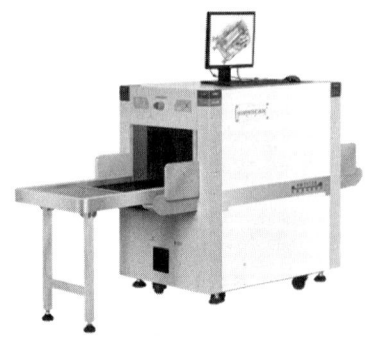

图 1.1　X 射线机

物品进行扫描（如图 1.1 所示）。X 射线穿过传送带上移动的行李，根据自身对不同物质的穿透能力的不同而发生衰减。探测器接收到经过衰减的 X 射线信号，通过信号处理，转变为图像显示出来。因此，不同材质的物品在屏幕上显示出的颜色不同。安检人员再结合图像的轮廓形状，推测行李中的物品。

X 射线机图像颜色与物品对应规律：

暗红色/黑色——非常厚、X 射线穿不透的物体。

橙色——有机物（食品、塑料、炸药、毒品、液体等）、原子序数小于 10 的物体。

绿色——混合物（有机物与无机物的重叠部分）、原子序数为 10~18 的物体。

蓝色——重金属（铁、锌、镍等）、原子序数大于 18 的物体。

需要注意的是，在实际工作中，物质往往是混合叠加的，同时尺寸不同，对 X 光的吸收程度存在较大差异，因此并不完全遵循上述规律。

（二）通过式金属探测门和手持金属探测器

这两种仪器常被用于检查旅客身上是否带有金属违禁物品，旅客身上有很多部位可以藏匿物品，特别是生理结构中一些凹进去的部位。若旅客身上带有金属物品，通过金属探测门（如图 1.2 所示）时，探测门会立即发出报警信号。由于不少违禁物品为金属材质，若旅客将之携带或藏匿于身上则探测门必然报警，此时安检员须持手持金属探测器（如图 1.3 所示）对旅客人身进行进一步检查。手持金属探测器的原理与金属探测门的原理相似，一旦探测到金属物品，也会立即报警，从而帮助安检员查获金属违禁物品。

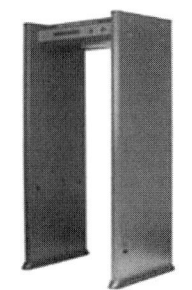
图 1.2　通过式金属探测门

图 1.3　手持金属探测器

通过式金属探测门的工作原理：金属探测门在工作时，设备发出的一连串脉冲信号产生一个时变磁场，该磁场对探测区中的导体产生涡电流，涡电流产生的次级磁场在接受线圈中产生电压，并通过处理电路辨别是否报警。

手持金属探测器的工作原理：正常情况下，手持金属探测器产生恒频率磁场，将灵敏度调至中心频率。当探测器接近金属物品时，磁场受干扰发生变化，频率漂移，灵敏度变化，发出报警信号。探测器远离金属物品后，灵敏度恢复恒定频率，报警信号解除。

（三）爆炸物探测仪

痕量爆炸物安全检查设备是一种通过采集空气中或被检测物体表面的细微颗粒或痕量蒸汽以探测爆炸物并分析、鉴别其种类的安全检查设备。

很多化学物质会散发出颗粒或蒸汽，这些颗粒或蒸汽会被与之接触的材料（衣服、行李、皮肤、容器、纸张等）表面吸附。该仪器（如图1.4所示）可通过真空吸附或擦拭表面的方式来收集这些痕量的颗粒或蒸汽。其所收集的样品被加热而变成气体，汽化后的样品与放射源发出的等离子碰撞后变成带电离子。这些离子在电场作用下沿IMS（Ion Mobility Spectrometry，离子迁移谱）管"漂移"，其速度取决于离子的大小和结构。

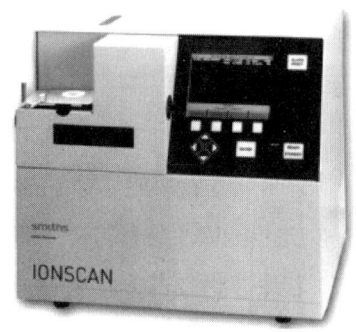

图1.4　痕量爆炸物探测仪

每种离子都有一个特征漂移速度，这个速度就像指纹一样，可被用来识别产生每种离子的原始物质。

爆炸物探测仪就是利用计算机软件对不同物质产生的离子的"漂移"所产生的一系列峰值进行识别，以检验行李物品中是否存在爆炸物。它的灵敏度很高，即使是很少量的爆炸物存在于行李之中，依然能够被检测出来。

（四）毫米波人体安检仪

毫米波人体安检仪（如图1.5所示）利用微波装置发射毫米波，对人体进行扫描检查。波长为毫米级别的波能够穿透人体衣物，但不能穿透皮肤，因此对人体无害。安检仪在接收到反射波后，几秒钟内就可在电脑上建立一个三维人体扫描图像，随后将图像传输到附近安检室中的电脑上，供安检人员对之进行处理和分析。利用这种仪器可以让安检人员透过旅客衣服发现藏在其中的各种违禁物品。

然而由于公众普遍担心扫描图像流出而泄露个人隐私，加之该仪器的维护保养成本较高，此项技术在投入使用过程中也颇有争议，距全面推广还有很长一段路要走。

（五）液体安检仪

2006年8月发生在英国机场的恐怖分子企图用液体炸药摧毁数架航班的事件，促使很多国家对液体的安全检查愈来愈重视，纷纷出台法规提高对机场等大型重要公共场所的安全检查标准，以防范可能发生的安全事故。液体安全检查是判断液体是否对特定公共场所安全构成威胁的一个过程，主要目的是防止液体危险品，特别是液体爆炸物被带入公共区域。由

图1.5 台式液体安检仪

于传统的安检设备难以识别出液体爆炸物，使得公共安全存在极大隐患，故各国纷纷研究可被用于液体安全检查的新技术。

台式液体安检仪（如图1.5所示）能自动检测易燃、易爆、有腐蚀性的危险液体，有效防止危险的液体物品（可引起燃烧或爆炸的液体，如汽油、煤油、硫酸、盐酸、硝酸、乙醚等）进入机场。其仅需1秒即能检测出非金属材质瓶中液体——通过对容器底部进行检测而实现的（被测容器内无须留有大量液体）。其检测结果通过指示灯报警和声音报警两种模式提示。

二、手工识别

（一）开箱包检查

对X射线机检查有疑点，或无法判断其内部物品性质的箱包，需要

进行开箱包检查。这是利用手的触觉在可疑箱包的重点部位,通过摸、按、捏、压等动作来发现是否藏匿有违禁物品的方法。检查时应重点注意箱包是否有夹层,或旅客是否有意将违禁物品藏匿在 X 射线机难以透过的高密度物品内或后面。

（二）人身检查

对于通过安全门检查时触发警报的人员,需要进行人身检查。这项检查是利用手的触觉在旅客身上可能藏匿违禁物品的重点部位,通过摸、捏、按、压等动作,同时结合手探的功能,发现藏匿的违禁物品。重点部位包括头部、肩部、胸部、手部、臀部、腋下、腰部、腹部、脚部等。

（三）对重点检查对象的检查

对于某些形迹可疑、举止异常的旅客,为保证万无一失,即使安全门不报警也应对其进行进一步检查。这些人员被称为重点检查对象,对其的界定更多取决于安检人员的现场工作经验及犯罪心理学的相关知识。

通常重点对象可包括:①精神恐慌、言行可疑、伪装镇静者;②冒充熟人、假献殷勤、接受检查过于热情者;③表现异常、催促检查或态度蛮横不愿接受检查者;④频繁进出隔离区、厕所、公用电话室、窥视检查现场、客机坪者;⑤着装与其身份明显不符或与季节不相适应者;⑥匆忙赶到检查现场者;⑦公安部门、安全检查站掌握的嫌疑分子和群众检举的嫌疑分子;⑧上级通报的来自恐怖活动频繁的国家和地区的人员;⑨在检查中发现有可疑问题者。

## 任务三　相关法律法规

安检法规是指国家立法机关和国家行政机关依据宪法、法律以及国家政策制定的,用来指导与规范民用航空安全检查的法律、条例、规章、规定、办法、规则等文件的总称。它是民航安检部门实施安全检查的法律依据,是安检人员依法行使检查权、保障民用航空安全的重要武器。

中国民用航空局关于发布
《民航旅客禁止随身携带和托运物品目录》
和《民航旅客限制随身携带或托运物品目录》的公告

为保障民航旅客人身财产安全、民用航空运输安全和国家安全，防止针对民用航空活动的非法干扰，根据《中华人民共和国民用航空法》、《中华人民共和国民用航空安全保卫条例》和《民用航空安全检查规则》规定，现公布《民航旅客禁止随身携带和托运物品目录》和《民航旅客限制随身携带或托运物品目录》。

公共航空运输企业、民用运输机场管理机构应当通过多种方式公示《民航旅客禁止随身携带和托运物品目录》和《民航旅客限制随身携带或托运物品目录》，并在旅客购票、办理乘机手续、安全检查时履行告知义务。旅客应当接受并配合民用航空安全检查。

《民航旅客限制随身携带或托运物品目录》中禁止随身携带但可以托运的物品，旅客可将其作为行李托运、自行处置或者暂存处理；属于经公共航空运输企业批准后才能作为随身行李物品或者托运行李运输的特殊物品，公共航空运输企业应当向旅客通告特殊物品目录及批准程序，并与民用航空安全检查机构明确特殊物品批准和信息传递程序。

对随身携带或者托运属于国家法律法规规定的危险品、违禁品和管制物品的旅客，构成违反治安管理行为的，由公安机关依法处理；构成犯罪的，依法追究刑事责任。对在随身携带或者托运物品中故意隐匿除国家法律法规规定以外属于民航禁止、限制运输物品的旅客，构成扰乱秩序行为的，由公安机关依法处理。

本公告自 2017 年 1 月 1 日起施行。已有规定与本公告不一致的，按照本公告执行。

中国民用航空局
2016 年 12 月 2 日

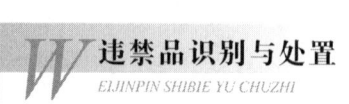

民航旅客禁止随身携带和托运物品目录

一、枪支等武器（包括主要零部件）

能够发射弹药（包括弹丸及其他物品）并造成人身严重伤害的装置或者可能被误认为是此类装置的物品，主要包括：

（一）军用枪、公务用枪，如手枪、步枪、冲锋枪、机枪、防暴枪；

（二）民用枪，如气枪、猎枪、射击运动枪、麻醉注射枪；

（三）其他枪支，如道具枪、发令枪、钢珠枪、境外枪支以及各类非法制造的枪支；

（四）上述物品的仿真品。

二、爆炸或者燃烧物质和装置

能够造成人身严重伤害或者危及航空器安全的爆炸或燃烧装置（物质）或者可能被误认为是此类装置（物质）的物品，主要包括：

（一）弹药，如炸弹、手榴弹、照明弹、燃烧弹、烟幕弹、信号弹、催泪弹、毒气弹、子弹（铅弹、空包弹、教练弹）；

（二）爆破器材，如炸药、雷管、引信、起爆管、导火索、导爆索、爆破剂；

（三）烟火制品，如烟花爆竹、烟饼、黄烟、礼花弹；

（四）上述物品的仿真品。

三、管制器具

能够造成人身伤害或者对航空安全和运输秩序构成较大危害的管制器具，主要包括：

（一）管制刀具，如匕首（带有刀柄、刀格和血槽，刀尖角度小于60度的单刃、双刃或多刃尖刀）、三棱刮刀（具有三个刀刃的机械加工用刀具）、带有自锁装置的弹簧刀或跳刀（刀身展开或弹出后，可被刀柄内的弹簧或卡锁固定自锁的折叠刀具）、其他相类似的单刃双刃三棱尖刀（刀尖角度小于60度刀身长度超过150毫米的各类单刃、双刃、多刃刀具）以及其他刀尖角度大于60度刀身长度超过220毫米的各类单刃、双刃、多刃刀具；

（二）军警械具，如警棍、警用电击器、军用或警用的匕首、手铐、拇指铐、脚镣、催泪喷射器；

（三）其他属于国家规定的管制器具，如弩。

四、危险物品

能够造成人身伤害或者对航空安全和运输秩序构成较大危害的危险物品，主要包括：

（一）压缩气体和液化气体，如氢气、甲烷、乙烷、丁烷、天然气、乙烯、丙烯、乙炔（溶于介质的）、一氧化碳、液化石油气、氟利昂、氧气、二氧化碳、水煤气、打火机燃料及打火机用液化气体；

（二）自燃物品，如黄磷、白磷、硝化纤维（含胶片）、油纸及其制品；

（三）遇湿易燃物品，如金属钾、钠、锂、碳化钙（电石）、镁铝粉；

（四）易燃液体，如汽油、煤油、柴油、苯、乙醇（酒精）、丙酮、乙醚、油漆、稀料、松香油及含易燃溶剂制品；

（五）易燃固体，如红磷、闪光粉、固体酒精、赛璐珞、发泡剂；

（六）氧化剂和有机过氧化物，如高锰酸钾、氯酸钾、过氧化钠、过氧化钾、过氧化铅、过醋酸、双氧水；

（七）毒害品，如氰化物、砒霜、剧毒农药等剧毒化学品；

（八）腐蚀性物品，如硫酸、盐酸、硝酸、氢氧化钠、氢氧化钾、汞（水银）；

（九）放射性物品，如放射性同位素。

五、其他物品

其他能够造成人身伤害或者对航空安全和运输秩序构成较大危害的物品，主要包括：

（一）传染病病原体，如乙肝病毒、炭疽杆菌、结核杆菌、艾滋病病毒；

（二）火种（包括各类点火装置），如打火机、火柴、点烟器、镁棒（打火石）；

（三）额定能量超过160Wh的充电宝、锂电池（电动轮椅使用的锂电池另有规定）；

（四）酒精体积百分含量大于70%的酒精饮料；

（五）强磁化物、有强烈刺激性气味或者容易引起旅客恐慌情绪的物

品以及不能判明性质可能具有危险性的物品。

六、国家法律、行政法规、规章规定的其他禁止运输的物品。

民航旅客限制随身携带或托运物品目录

一、禁止随身携带但可以作为行李托运的物品

（一）锐器

该类物品带有锋利边缘或者锐利尖端，由金属或其他材料制成的、强度足以造成人身严重伤害的器械，主要包括：

1. 日用刀具（刀刃长度大于6厘米），如菜刀、水果刀、剪刀、美工刀、裁纸刀；

2. 专业刀具（刀刃长度不限），如手术刀、屠宰刀、雕刻刀、刨刀、铣刀；

3. 用作武术文艺表演的刀、矛、剑、戟等。

（二）钝器

该类物品不带有锋利边缘或者锐利尖端，由金属或其他材料制成的、强度足以造成人身严重伤害的器械，主要包括：

棍棒（含伸缩棍、双节棍）、球棒、桌球杆、板球球拍、曲棍球杆、高尔夫球杆、登山杖、滑雪杖、指节铜套（手钉）；

（三）其他

其他能够造成人身伤害或者对航空安全和运输秩序构成较大危害的物品，主要包括：

1. 工具，如钻机（含钻头）、凿、锥、锯、螺栓枪、射钉枪、螺丝刀、撬棍、锤、钳、焊枪、扳手、斧头、短柄小斧（太平斧）、游标卡尺、冰镐、碎冰锥；

2. 其他物品，如飞镖、弹弓、弓、箭、蜂鸣自卫器以及不在国家规定管制范围内的电击器、梅斯气体、催泪瓦斯、胡椒辣椒喷剂、酸性喷雾剂、驱除动物喷剂等。

二、随身携带或者作为行李托运有限定条件的物品

（一）随身携带有限定条件但可以作为行李托运的物品

1. 旅客乘坐国际、地区航班时，液态物品应当盛放在单体容器容积

不超过 100mL 的容器内随身携带，与此同时盛放液态物品的容器应置于最大容积不超过 1L、可重新封口的透明塑料袋中，每名旅客每次仅允许携带一个透明塑料袋，超出部分应作为行李托运；

2. 旅客乘坐国内航班时，液态物品禁止随身携带（航空旅行途中自用的化妆品、牙膏及剃须膏除外）。航空旅行途中自用的化妆品必须同时满足三个条件（每种限带一件、盛放在单体容器容积不超过 100mL 的容器内、接受开瓶检查）方可随身携带，牙膏及剃须膏每种限带一件且不得超过 100g（mL）。旅客在同一机场控制区内由国际、地区航班转乘国内航班时，其随身携带入境的免税液态物品必须同时满足三个条件（出示购物凭证、置于已封口且完好无损的透明塑料袋中、经安全检查确认）方可随身携带，如果在转乘国内航班过程中离开机场控制区则必须将随身携带入境的免税液态物品作为行李托运；

3. 婴儿航空旅行途中必需的液态乳制品、糖尿病或者其他疾病患者航空旅行途中必需的液态药品，经安全检查确认后方可随身携带；

4. 旅客在机场控制区、航空器内购买或者取得的液态物品在离开机场控制区之前可以随身携带。

（二）禁止随身携带但作为行李托运有限定条件的物品

酒精饮料禁止随身携带，作为行李托运时有以下限定条件：

1. 标识全面清晰且置于零售包装内，每个容器容积不得超过 5L；

2. 酒精的体积百分含量小于或等于 24% 时，托运数量不受限制；

3. 酒精的体积百分含量大于 24%、小于或等于 70% 时，每位旅客托运数量不超过 5L。

（三）禁止作为行李托运且随身携带有限定条件的物品

充电宝、锂电池禁止作为行李托运，随身携带时有以下限定条件（电动轮椅使用的锂电池另有规定）：

1. 标识全面清晰，额定能量小于或等于 100Wh；

2. 当额定能量大于 100Wh、小于或等于 160Wh 时必须经航空公司批准且每人限带两块。

三、国家法律、行政法规、规章规定的其他限制运输的物品。

**思考与练习：**

1. 什么是违禁物品？违禁物品可分为哪几类？
2. 什么是限制携带物品？
3. 对违禁物品的识别有哪两种方法？
4. 常见的安检仪器有哪些？

# 项目二　枪支、军警械具

## 任务一　枪支

### 一、枪支的定义及分类

（一）枪支的定义

枪支即手持型射击武器。根据《中华人民共和国枪支管理法》第四十六条规定，枪支是指以火药或者压缩气体等为动力，利用管状器具发射金属弹丸或其他物质，足以致人伤亡或者丧失知觉的各种武器。

（二）枪支的历史变迁

枪，在火药发明之前，是指一种在长柄的一端装有尖锐的金属头，能刺扎人员致死伤的原始武器，如红缨枪等。火药发明之后，才有了作为热兵器的枪械。南宋时期发明的"突火枪"，是我国也是世界上最早的火器。当时人们用粗毛竹筒做"火枪"，竹筒一头开口，内装火药，由两个人拿着，在交战时用火点燃火药，喷射火焰，烧伤敌人。这种火枪就是现代枪炮的鼻祖。后来，人们在这种枪中装"子窠"（小石块、砂子一类的硬东西），借火药力量将之发射出去，以杀伤敌人。这个"子窠"就是世界上最原始的子弹。直到19世纪以后，世界上才出现了弹药合一的子弹，以及使用这种子弹的枪支。至此，现代枪支才初具形制。

（三）枪支的分类

枪支有多种分类方式。

按照枪支的用途不同，可分为军用枪、警用枪、民用枪和其他枪支。军、警用枪包括手枪、步枪、冲锋枪、机枪、防暴枪等；民用枪则包括气枪、猎枪、运动枪、麻醉注射枪、发令枪等；其他枪支则包括各类样品枪和道具枪。

按照体积大小不同，枪支可分为长枪和短枪。由于短枪体积小而容易隐藏，且便于分解携带，故犯罪分子经常利用短枪来劫持飞机，对此应特别注意防范。

按照构造不同，枪支还可分为制式枪和非制式枪。制式枪主要指的是已完成定型试验，并且经军队或国家有关主管部门批准投入装备、使用的各类枪支。而非制式枪则不同，往往是相关人员自行研究制造的，产量通常较小，结构也较简单；或是在外形上经过了一定的伪装，供诸如特工、侦察兵等特殊身份人员使用。其特点亦可能被犯罪分子加以利用。

**二、常见的枪支及其特征**

安检人员应尤其防范犯罪分子携带短枪登机进行犯罪活动。由于世界各国所用的短枪种类繁多、规格不一。为使大家掌握短枪的基本知识，便于在安检工作中识别短枪，下面着重介绍几种主要的制式和非制式短枪。

（一）制式手枪

1. 基本介绍

手枪是一种单手握持瞄准射击或本能射击的短枪管武器，被用于在50m近程内自卫和突然袭击敌人。手枪由于短小轻便、携带安全、能突然开火，一直被世界各国军队和警察（主要是指挥员、特种兵以及执法人员）等大量使用。

现代军用手枪主要有自卫手枪和冲锋手枪。自卫手枪射程一般为50m，弹匣容量8～15发，发射方式为单发，质量在1kg左右。冲锋手枪亦称战斗手枪，全自动，一般配有分离式枪托，弹匣容量10～20发，平时可当冲锋枪使用，有效射程可达100～150m。按构造不同，手枪还可分为非自动手枪、半自动手枪（仅能单发射击）和全自动手枪（可连发射击）。随着技术的进步，手枪经过长期的演变，已经发展出种类繁多的现代手枪家族，并且性能和威力都有大幅度提高。

2. 国内外经典枪支

我国的军队和公安部门长期配备的大部分是"五四"（如图2.1所

示)、"六四"(如图 2.2 所示)、"七七"(如图 2.3 所示)式军用手枪,它们分别根据各自定型年份而被命名,也被称为"警用三大件"。当前,更多新式的手枪也逐渐投入使用,例如"九二"式半自动手枪(如图 2.4 所示)、9mm 警用转轮手枪(如图 2.5 所示)等。

图 2.1　"五四"式 7.62mm 手枪　　　图 2.2　"六四"式 7.62mm 手枪

图 2.3　"七七"式 7.62mm 手枪　　　图 2.4　"九二"式 9mm 手枪

此外,还有几种国外曾经广泛使用的手枪,例如,苏联的马卡洛夫手枪(如图 2.6 所示)、斯捷奇金手枪,美国的柯尔特手枪(如图 2.7 所示),比利时的勃朗宁手枪(如图 2.8 所示),德国的华尔特手枪、毛瑟手枪以及左轮手枪等,都各有特点,但基本构造相同。随着时代的发展,现代化装备的部队中已不再使用这些手枪,但其在国际恐怖组织及恐怖分子中仍然被广泛使用。

图 2.5　9mm 警用转轮手枪

图 2.6　苏联马卡洛夫手枪

图 2.7　美国柯尔特手枪

图 2.8　比利时勃朗宁手枪

3. 手枪的构造及特点

不同型号的手枪有不同的外形特征及内部构造，其基本组成部分为枪管、套筒、套筒座、复进簧、发射机座、弹匣等（如图 2.9 所示）。各种枪支的零部件同样属于违禁物品。

与其他枪械相比，手枪的主要特点有：

（1）质量小，体积小，满装枪弹的手枪的总质量：军用手枪一般在 1kg 左右，警用手枪在 800g 左右。便于随身携带。

（2）枪管较短，口径多在 7.62~11.43mm 之间，也有采用小口径的，但大多采用 9mm 口径，适于杀伤近距离内的有生目标。

（3）弹匣供弹，自动手枪弹匣容量大，多为 6~12 发，有的可达 20 发；左轮手枪弹匣容量小，一般为 5~6 发。

（4）多采用半自动（单发）射击方式，但也有少数手枪（如冲锋手枪）采用全自动（连发）射击方式。前者战斗射速为 30~40 发/min，后者战斗射速高达 120 发/min 左右。

（5）结构简单，操作方便，易于大批量生产，成本低。

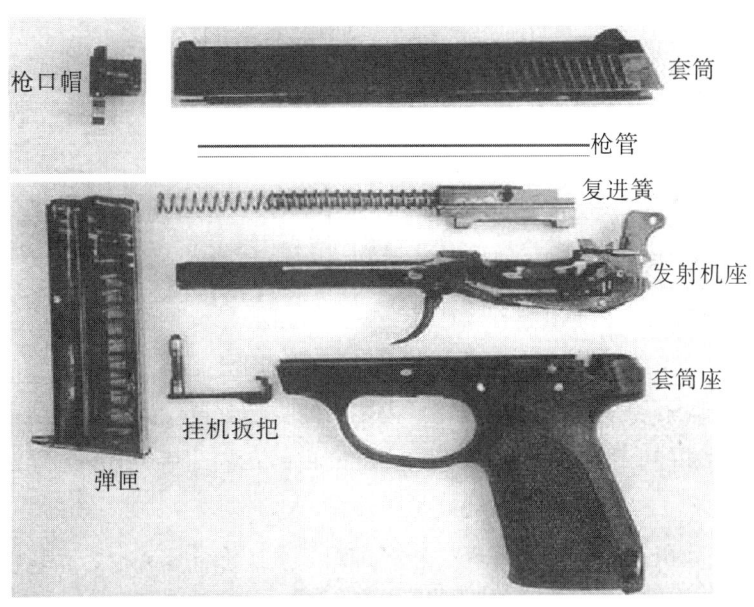

图 2.9　手枪的构造

（二）民用枪

民用枪主要包括气枪、猎枪、射击运动枪、麻醉注射枪等日常生产、运动中用到的枪支和其他通过爆炸或压缩空气而发射弹丸的武器。此类枪支受有关部门管制，使用者须申领民用枪持枪证。

（三）仿真枪

仿真手枪并非制式武器，但部分仿真手枪在外观上同制式手枪一样，甚至其某些部件用非金属材料制成的，如不仔细检查，很难判断出真假。某些劫机分子恰恰利用了其这一特点，持仿真手枪在飞机上实施犯罪活动。此外，将仿真手枪的某些部件进行改造，同样能发射子弹，从而对人身造成很大的伤害。基于这些原因，我国对仿真手枪逐步加强了管制，非法持有和买卖仿真手枪都是违法行为。

根据 2008 年公安部出台的《仿真枪认定标准》，凡符合以下条件之一的，可以认定为仿真枪：

（1）符合《中华人民共和国枪支管理法》规定的枪支构成要件，所发射金属弹丸或其他物质的枪口比动能小于 $1.8J/cm^3$（不含本数）、大于 $0.16J/cm^3$（不含本数）的；

（2）具备枪支外形特征，并且具有与制式枪支材质和功能相似的枪管、枪机、机匣或者击发等机构之一的；

（3）外形、颜色与制式枪支相同或者近似，并且外形长度尺寸介于相应制式枪支全枪长度尺寸的 1/2 与 1 倍之间的。

（四）非制式枪

由于非制式枪的使用者往往需要隐藏自己的特殊身份，故该类枪支常常经过了一定的伪装，外观看上去与日常生活用品无异。劫机分子为了便于携带和混过安全检查，将人们日常使用的物品改造成武器，使之具备发射弹丸的功能，尽管在威力上与制式手枪存在一定差距，但通常能起到出其不意的效果，近距离射击同样可能致命。

目前，国内安检部门发现的非制式枪有手杖枪、钱夹枪、天线枪、钢笔枪、口红枪、手机枪、打火机枪等（如图 2.10 所示），非制式枪还包括将冷热兵器相结合的匕首枪，以及远小于正常尺寸的超微枪等。

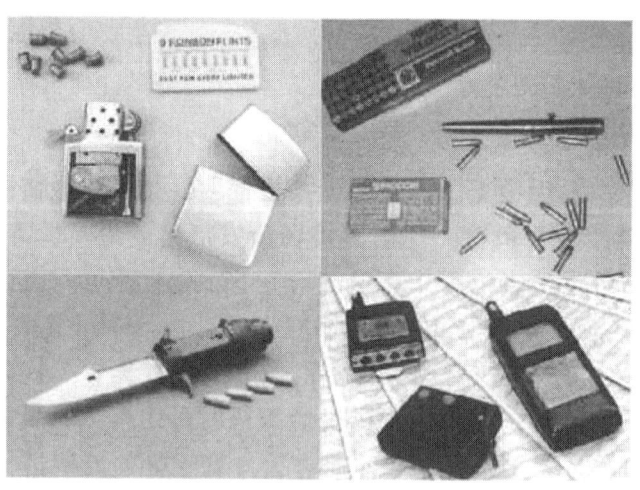

图 2.10　打火机枪、钢笔枪、匕首枪、手机枪

值得一提的是，市面上还有五花八门的玩具枪，大致有发声发光玩具枪、水枪、可发射弹射物的玩具枪以及无附加功能的玩具枪等。根据有关

儿童玩具枪的国家标准，可发射弹射物的玩具枪不能以火药为发射能源，而且对材料和发射体的动能也有明确的要求。一般情况下，儿童玩具枪是可以一眼分辨出来的，处置方法也与上述枪支完全不同。

### 三、枪支的识别和处置

（一）识别方法

由于枪支的种类繁多、外形特殊且千差万别，有些枪支还经过了巧妙的伪装，这给安检人员识别枪支带来了极大的困难。

对于军用或警用的制式枪支而言，由于其有特定的外形特征，再加上其材质往往是钢等密度较大的金属，因此其在X射线机上大部分部位显示的图像颜色往往较深。还应注意，由于枪支在行李中放置角度的关系，图像往往会发生变形。这就要求安检人员一定要经常上机操作，熟悉枪支在行李中以不同角度放置时的图像；同时，还要注意识别其各个部件的形状，在查获其中某一部件后，注意追查其他部件。若旅客将制式枪支藏匿于身上，则其通过安全门和被手探检查时均会引发警报，较易查出。

仿真手枪由于其主体部分大都是由塑料制成的，虽然在外观上同制式手枪相同，但在密度、重量和其他方面还是有诸多不同之处，其在X射线机上显示的图像颜色也更浅。此外，安检人员还必须留意外观被改造成日常生活用品状的各类非制式枪，对有疑问的物品必要时应通过手工检查加以确认。

（二）处置方法

若在检查中发现枪支，而旅客无持枪证明，又无法说清枪支来源，应当即予以扣留，将人和物一并送交机场公安部门处理。需特别注意的是，安检人员应将各类仿真枪视作真枪进行处置，同样需要将人和物移交公安部门。至于小孩的玩具枪，只要不具备仿真枪的外观特征，则不属于违禁物品范畴。

根据相关文件，执行国家保卫任务和重要外宾保卫任务的警卫人员在乘坐我国民航班机时可由本人携带枪支、子弹。乘机人须持有中共中央办公厅警卫局、中央军委办公厅警卫局开具的证明信（需详列持枪人姓名、枪型、枪号、枪支和子弹数量、往返地点、有效期限等）和本人的持枪证，机场安检站凭证明信予以放行。为了保障客机和旅客的安全，持枪人应采取枪弹分离的方式携带枪支、子弹。

四、典型案例

案例一：2015年10月24日，某机场旅检4号通道中，某旅客通过安全门时腰部区域报警，人身检查员遂将其腰部作为重点检查部位，发现其藏匿金属枪支一把。安检人员启动应急预案后继续严格检查该旅客，又在其脚部查获仿真枪一把（如图2.11所示）。

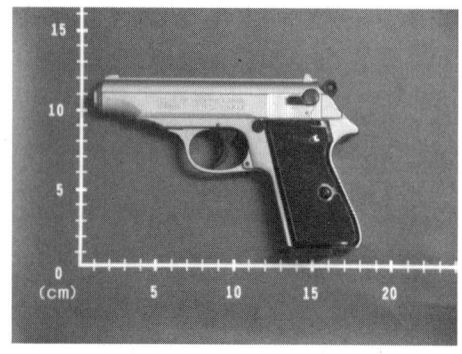

图 2.11　被查获的制式枪

案例二：2015年5月8日，某机场旅检13号通道的安检员在检查一名男性旅客时，使用X射线在其随身携带的包内发现有疑似仿真枪的物品图像，具有明显的枪支轮廓及握柄、护环、扳机、击发机、枪管等，后安检人员从该名旅客随身携带的包内查获仿真枪一把（如图2.12所示）。

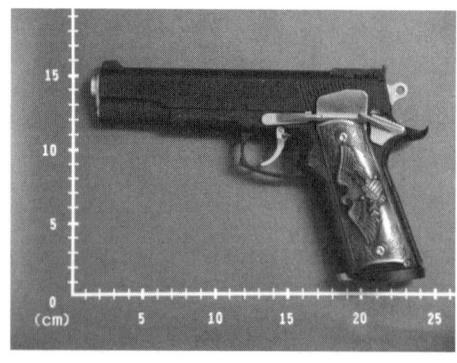

图 2.12　被查获的仿真枪

## 任务二　军警械具

### 一、军警械具的定义

军警械具，主要是指军队或公安机关等司法机关的工作人员在执行公务时按照规定装备的警棍、电击器、手铐、拇指铐、催泪瓦斯等器械。

### 二、常见的军警械具及特征

（一）警棍

警棍是警察执行公务时使用的特制棍棒，按特点可分为橡胶警棍和电击警棍两类（如图 2.13 所示）。

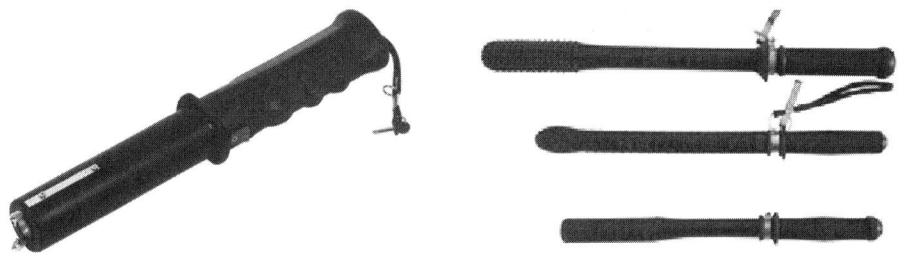

**图 2.13　电击警棍与橡胶警棍**

橡胶警棍由硬质橡胶制成，有手把和佩扣，可用于击打，一般各单位的安保人员均有配备。

电击警棍的外形同样是一根短棒，原理是瞬间产生高压脉冲，击晕所接触生物或导致其休克，达到防身目的。其内部采用变压器耦合间歇振荡器，脉冲电压经高压提升后输出，当与人体接触后，会造成剧烈肉体麻木酸痛感，有时甚至会在皮肤表面烧出小白点，像针刺一样，造成长时间疼痛。电击警棍虽输出电压较高，但由于输出的功率较小，人体触电后只有瞬间痛苦，不会致人终身残疾或造成任何生命危险，同时会使人产生一种畏惧心理。此外，电击警棍还可衍生出各种形状，即各类电击器。

（二）电击器

电击器种类繁多，外形特征也有很大差别，常见的有棍状、枪状、手电筒状、剃须刀状、手机状等（如图 2.14 所示），它们共同的特点在于顶部有两个或多个硬质合金制成的金属触点，用以释放高压脉冲。手电筒状电击器则有一个连续的金属环，作用与触点相似。电击器另一个特殊部件是变压器，用以将较低的电源电压提升至高压。

公安部为了防止各类电击器被犯罪分子利用，对其生产、销售和使用都有严格的规定。但是，社会上仍有一些不法厂商暗中生产和销售这类器械，给社会造成了较大的危害。

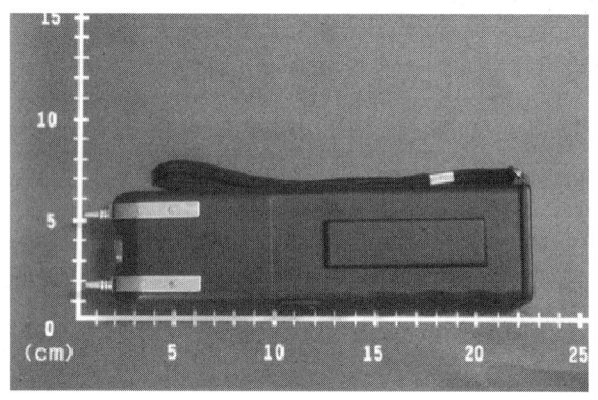

图 2.14　电击器

（三）手铐与拇指铐

手铐与拇指铐均被用于限制罪犯的行动，一般由硬质合金环扣和钢制链条组成。前者铐于罪犯手腕处，后者铐于罪犯两个拇指处，两者外形相似但大小不同（如图 2.15 所示）。

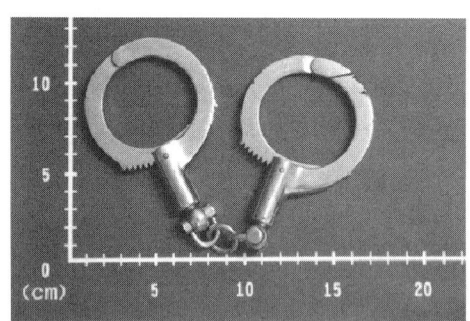 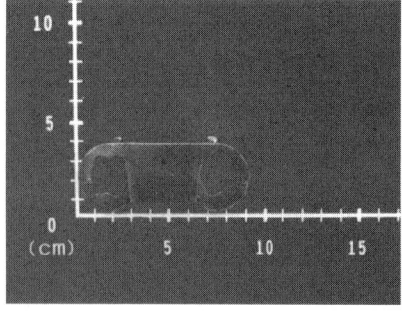

图 2.15　手铐与拇指铐

### （四）催泪瓦斯

催泪瓦斯（如图 2.16 所示）是一种可使进攻者暂时丧失战斗力的烟雾剂。其内容物是高纯度辣椒提取素、芥末提取物等天然强刺激物质，可以对人的眼睛、面部皮肤、呼吸道造成强烈的如火烧般的刺激，使人双目无法睁开，喷嚏、咳嗽不停。通常装备于执法部门。其刺激作用一般 20 多分钟即可自行解除，也可用清水洗除，对人体没有危害。

图 2.16
催泪瓦斯

### 三、军警械具的识别和处置

（一）识别方法

由于军警械具各有特点、外形多样，有的还经过了巧妙的伪装，因此安检人员对于此类违禁物品的识别一定不能掉以轻心。

安检人员应首先对旅客的行李进行 X 射线机检查，对图像有疑点或无法确定性质的箱包进一步进行手工开箱包检查。橡胶警棍在 X 射线机显示器中的图像一般为密度较均匀的具有一定长度的棍状物，比较容易识别。识别电击警棍与各类电击器则须抓住金属触头、变压器、电源这三个最主要的特征部件的图像。手铐与拇指铐的外形特征比较容易识别，在图像中一般显示为暗红色，但要注意它们在行李中因放置位置不同而引起的图像变形。催泪瓦斯的瓶体通常为铝制，故在 X 射线机屏幕上显示为淡绿色。此外，还应注意金属喷头这一特征部件。

军警械具中的电击器、手铐、拇指铐等由于部分或全部部件是由金属制成的，因此在通过安全门或被手持金属探测器检测时，必然会引发警报，此时安检人员就需要认真检查。当然，诸如橡胶警棍等非金属材质的物品是不会引发警报的，这就要求安检员对重点检查的对象特别留意，用手工搜身检查的方法进行检查。

（二）处置方法

若在检查中发现上述的军警械具，对于无相应证明的旅客，应予以扣留并送交机场公安部门。

若是执行公务的公安、检察院、法院的工作人员携带手铐、警棍等警械，在查验其所持证明、证件无误后，可以为其办理托运。

### 四、典型案例

案例一：2007年6月9日，某机场国际一科开机员姚某发现一旅客的小包内有形似手铐的物品，便立即通知开箱员进行开包检查，开箱员马上实施细致的开包检查，查获一副带有皮套的警用手铐。经查，该旅客为日本籍，乘坐NH920航班前往东京。他表示手铐是朋友给的，自己携带它只是为了收藏，并无其他意图。带班分队长向该旅客说明此手铐属于警用械具，旅客不能私自持有和携带。经说明教育后，该旅客同意放弃手铐。

案例二：2008年7月17日，某机场3号通道开机员李某发现某旅客行李中有多部手机和照相机，其中有一部手机的图像异常，便通知开箱员张某开包检查。经查，其携带了6部手机及1部相机，其中夹带了1部手机式电击器（如图2.17所示）。安检员后将该旅客及物品移交机场公安机关。

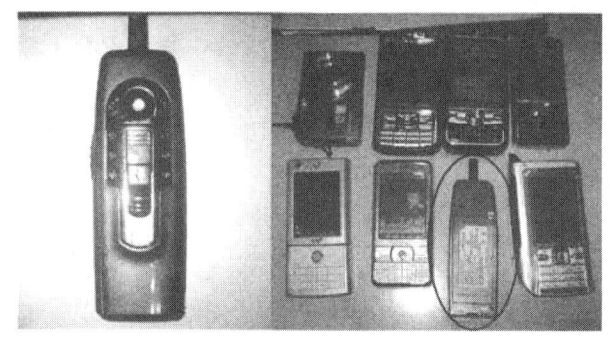

图2.17 被查获的手机式电击器

**思考与练习：**

1. 枪支可分为哪些种类？
2. 手枪主要由哪几部分组成？
3. 违禁物品的基本识别方法是哪两种？
4. 安检部门对查获的枪支应如何处置？
5. 为什么安检部门要将仿真玩具手枪等同于真的武器类违禁物品而进行处置？

6. 常见的军警械具有哪些？
7. 安检部门对查获的军警械具应如何处置？

# 项目三　爆炸物品

## 任务一　爆炸原理

### 一、爆炸的定义及其特征

（一）定义

爆炸是指物质在一定条件下发生急剧的变化，在极短的时间内释放出大量气体和能量的现象。由于爆炸是在瞬间进行并释放出巨大的能量，能使周围环境温度急剧升高，产生大量气体，气体体积迅速膨胀，产生高压气浪，并形成冲击波，摧毁环境，引起可燃物燃烧，因此爆炸能够对外做功，具有很大的破坏作用。

人们正是利用爆炸时所产生的机械功，在采矿和修筑铁路、水库时，开山放炮，移山倒海，大大加快了工程进度，使得靠人的双手和一般工具难以完成的任务得以完成。但是，爆炸一旦失去控制，就会酿成事故，造成人身和财产的巨大损失，使生产受到严重影响。

（二）特征

炸药在一定的外界作用下，反应速度极快，并产生大量的热量和气体生成物。这就是炸药爆炸的三个基本特征。

1. 反应速度极快

爆炸的整个变化过程以高速度进行，并在瞬间完成，只有高速度才能使爆炸物的体积、能量、密度急剧变化而致爆。例如，虽然煤炭所含热量比同等质量的梯恩梯炸药（TNT）高一倍多，但是由于其燃烧速度缓慢，故不能产生爆炸；而梯恩梯炸药在一瞬间即可完全反应，其瞬时产生的热量来不及散失，使得温度和压力骤增，因而产生爆炸。

2. 释放出大量的热量

热量是爆炸的能量来源，若没有大量的热量被释放，爆炸反应不可能完成，更不能形成高温、高压、高能量的气体并对外膨胀做功。例如，1kg 梯恩梯炸药爆炸时能产生 4184kJ 热量，1kg 硝化甘油炸药爆炸时可放出 6192kJ 热量。

3. 产生大量的气体生成物

炸药爆炸后往往产生大量的气体，对外膨胀做功。例如，1kg 梯恩梯炸药爆炸后能生成 727.2L 气体，是爆炸前体积的 1180 倍；1kg 硝铵炸药爆炸后能生成 906L 气体，体积膨胀了 1530 倍。

综上所述，由于炸药爆炸具备这三个特征，因此炸药爆炸往往产生高温、高压，并释放出极大的能量。

## 二、爆炸的分类

根据爆炸时发生变化的性质的不同，可将爆炸分为三类。

1. 物理爆炸

物质因状态或压力发生物理性的突变而产生爆炸，爆炸后物质的化学成分不变，这种爆炸被称为物理爆炸，如锅炉爆炸、轮胎爆炸、压缩气瓶爆炸等。

2. 化学爆炸

物质因得到起爆的能量而迅速分解，释放出大量的气体和热量，物质的化学成分发生变化，这种爆炸被称为化学爆炸，如炸药、炮弹、爆竹以及爆炸性物品的爆炸都属于化学爆炸。如无特别说明，本书所涉及的爆炸均指化学爆炸。

3. 核爆炸

物质因原子核反应（如裂变、聚变）而引起的爆炸，如原子弹或核装置的爆炸等。

此外，爆炸还可以根据反应时的物相情况分为气相爆炸、液相爆炸、固相爆炸；根据瞬时燃烧速度的不同分为燃烧、一般爆炸、爆轰等。

## 三、爆炸的破坏作用

爆炸往往会造成很大的破坏，影响正常的生产生活秩序，具体表现在

以下四个方面。

1. 冲击波

爆炸形成的高温、高压、高能量的气体生成物,以极快的速度向周围膨胀,强烈挤压周围静止的空气,使其压力、密度和温度突然升高,像活塞运动一样向前推进,产生波状气压向四周扩散冲击。这种冲击波能对附近建筑物造成破坏,其破坏程度与自身的能量大小有关,与建筑物的坚固程度及建筑物与产生冲击波的中心之间的距离也有关。

2. 碎片冲击

爆炸的机械破坏效应会使容器、设备、装置等材料的碎片在相当大的范围内飞散,从而造成破坏。碎片四处飞散的距离一般可达 100~500m。

3. 震荡作用

爆炸发生时,特别是较猛烈的爆炸往往会引起短暂的地震波,在爆炸波及的范围内,这种地震波会导致建筑物的震荡、开裂、松散、倒塌等。

4. 造成二次事故

发生爆炸时,若周围存放有可燃物质,往往会引起火灾。例如,在粉尘作业场所,轻微的爆炸冲击波会使积存于地面的粉尘扬起,造成更大范围的二次爆炸。

**四、化学爆炸与燃烧的关系**

分析和比较燃烧与化学爆炸的条件可以看出,两者都需具备可燃物、氧化剂和火源这三个基本要素。因此,燃烧和化学爆炸就其本质来说是相同的,都属于可燃物质的氧化反应,它们的主要区别在于氧化反应速度的不同。例如,1kg 整块煤完全燃烧大约需要 10min,而 1kg 煤气与空气混合发生爆炸只需 0.2s,但两者的燃烧热值相同,均为 2931kJ 左右。因此,燃烧和化学爆炸的区别主要在于物质燃烧的速度,燃烧速度越快,热量释放越快,即功率越大,产生的破坏力也越大。又如,煤块只能缓慢燃烧,但如果将它磨成煤粉,再与空气混合就可能发生爆炸。这也说明了燃烧和化学爆炸本质相同,而且两者可随条件变化而互相转化。

## 任务二 炸药

### 一、炸药的定义及分类

(一) 炸药的定义

我国的相关标准规定,炸药是指在外界作用下(如受热、撞击等),能发生剧烈的化学反应,瞬时产生大量的气体和热量,使周围压力急骤上升,对周围物质起破坏、抛掷、压缩等作用的物品。其中包括无整体爆炸危险,但具有燃烧、抛射及较小爆炸危险,或者仅产生热、光、音响或烟雾等一种或几种作用的烟火制品。这个定义非常明确地指出了炸药的爆炸属于化学爆炸。

这类物品的化学性质非常活泼,对机械力、电、热、磁场很敏感,受到摩擦、撞击、震动,或遇到明火、高热、静电感应,或与氧化剂接触,都有发生燃烧、爆炸的危险。

(二) 炸药的分类

炸药的品种很多,一般有按照其组成成分、用途和物理状态的不同,共三种分类方法。

1. 按组成成分

根据炸药组成成分的不同,可将其分成单质炸药和混合炸药两大类。单质炸药是指由单一化学成分组成的炸药,如梯恩梯、硝化甘油、太安、黑索金、特屈儿、奥克托金、雷酸汞、叠氮化铅、斯蒂酚酸铅等。混合炸药是指由两种或两种以上化学成分组成的炸药,如硝铵炸药、C-4塑性炸药和黑火药等。

2. 按用途

根据炸药的不同用途,可将其分为起爆药、猛炸药、发射药(火药)和烟火剂四类。后文将详细介绍这四类炸药。

3. 按物理状态

根据炸药所呈现的不同物理状态,可将其分为固体炸药、塑性炸药、液体炸药等。固体炸药通常为块状或粉末状;塑性炸药外观像生面团,具

有很强的柔韧性，可被捏合成各种形状；液体炸药呈液态，可流动。

二、炸药的特性

（一）炸药的特点

在日常生活中并不是所有的爆炸性物品都适合被用来做炸药，常用的炸药大致应具备下列特点：

（1）应具有足够的威力和能量。炸药具有足够的威力和能量，才能保证产生一定的破坏效应和抛射作用。

（2）应具有适当的感度。炸药的感度适当才能保证制造、运输、储存和使用的安全，又能保证易于被引爆。

（3）应具有良好的安定性。炸药应具有良好的安定性，才能被长期储存。例如，军用炸药的有效期应在15年以上。

（4）应具备丰富的原料和较低廉的价格。要具备这一点，必须做到原料来自国内，生产工艺简单，制造过程安全。

（5）应满足某些具体情况下使用时的特殊要求。

（二）炸药的起爆能

能够引起炸药发生爆炸变化的能量被称为起爆能，其大致有以下几种形式：①热能，如火焰、火花、加热等；②电能，如电热、电火花等；③机械能，如冲击、摩擦、刺扎、枪弹贯穿等；④化学能，如化学反应放出的热；⑤其他种类的起爆能。

（三）炸药的感度

炸药在冲击、摩擦、火焰等外界作用下发生爆炸变化的难易程度被称为炸药的感度。感度可分为热敏感度和撞击感度等，前者涉及的是外界的热能作用，后者涉及的是外界的机械冲击作用。感度的大小用引起炸药爆炸所需的最小起爆能来表示。炸药的感度越小，所需的起爆能越大；反之，炸药的感度越大，所需的起爆能越小。

影响炸药感度的因素：①与炸药本身的性质有关，不同的炸药对外界作用的感度是不一样的；②与外界作用的形式有关，炸药对外界不同形式作用的感度不同；外界温度、密度及杂质都会影响到炸药的感度；③与装药条件有关，同一种炸药对同种外界作用的感度随装药条件的变化而变化。

（四）炸药的爆速

炸药的爆速是指爆轰波向外传播的速度。当药量相当时，爆速的大小能在一定程度上反映炸药的爆炸功率及破坏能力。爆速主要与炸药的性质有关，但某种炸药的爆速不是一个绝对的物理常数，其同时受许多因素的影响，诸如起爆能的大小、炸药的密度、炸药外壳的坚固程度和炸药的温度等。

例如，梯恩梯等单质炸药的爆速随着装药密度的增大而增加。梯恩梯炸药的相对密度为1.0时，爆速约为5000m/s；相对密度为1.6时，爆速达到7000m/s。硝铵炸药在通常条件下起初爆速随密度增大而提升；当达到某一极限时，如果密度继续增大，爆速反而下降。绝大多数已知炸药的爆速都大于3000m/s，故此数值可被作为炸药的判定参数之一。

（五）炸药的威力和猛度

炸药的威力是指炸药爆炸时做功的能力，即对周围介质的破坏能力，体现了炸药的总体破坏能力。炸药的威力通常取决于热量和气体，炸药爆炸时所产生的热量和气体越多，爆温越高，则威力越大，破坏的范围就越大，如爆破岩石时，炸药的威力就表现为所炸出岩石方量的多少。

炸药的猛度是指炸药在爆炸后的爆轰产物对周围物体破坏的猛烈程度，它被用来衡量炸药的局部破坏能力。猛度主要与炸药的爆速有关，爆速越快猛度越大，粉碎程度也越大，如爆破岩石时，猛度通常表现为粉碎岩石的能力。

（六）炸药爆炸的常见形式

1. 燃烧

燃烧是一种发光放热的剧烈氧化反应。燃烧与化学爆炸在本质上是相同的，例如，枪弹内发射药的爆炸形式即为燃烧。

2. 爆轰

爆轰是一种更剧烈的依靠冲击波释放能量的化学反应传输过程，是爆炸以其最大速度分解的一种变化。

**3. 殉爆**

当某处装药爆炸时引爆另一处装药的现象被称为殉爆。能引起殉爆的两个装药间的最大距离被称为殉爆距离。为避免发生殉爆，两个装药间应保持一定的安全距离。

**三、常见的炸药**

炸药按不同的用途可以分为起爆药、猛炸药、发射药和烟火剂四类。

**（一）起爆药**

起爆药又称初级炸药，常用的起爆药有雷酸汞、叠氮化铅、斯蒂酚酸铅、特屈拉辛等。

1. 用途与特性

起爆药被用来作为工业雷管的装药，目的是加强起爆能力。对起爆药的基本要求是有足够的敏感度，以保证在使用时能准时起爆，并易于由燃烧转变为爆炸，且用少量的起爆药即可引爆其他猛炸药。

起爆药一般化学性质活泼，对简单的起始冲量较敏感（感度较大），爆炸的变化速度较快。

2. 典型代表

雷酸汞，分子式为 $Hg(ONC)_2$，为白色或灰色的结晶体（灰色的含杂质，但爆炸性能相似），难溶于水，是起爆药中感度最大的一种，受轻微的冲击、摩擦、火花、火焰影响都能引起爆炸。

雷酸汞有剧毒，其毒性与金属汞相似。

**（二）猛炸药**

猛炸药又称爆破药或次级炸药，在一般情况下比较稳定，能经受生产、储存、运输、加工和使用过程中的一般外力作用，只有在相当大的外力作用下才会被引爆。通常是用装有起爆药的起爆装置来将其引爆。猛炸药包括单质炸药（如梯恩梯、黑索金、特屈儿、太安等）和混合炸药（如硝铵炸药、C-4 塑性炸药等）。

1. 用途与特性

猛炸药一旦起爆就会发生高速反应，生成大量气体并释放大量热量，从而产生猛烈爆炸，对周围环境造成破坏。它一般按不同的爆炸效应被填装于各种弹丸中,以达到爆炸后杀伤和破坏的目的。

猛炸药威力大,感度适当,爆轰是其主要的爆炸形式。猛炸药在爆轰时威力能得到充分发挥,但用简单的激发冲击不能引起爆轰,通常须利用雷管等起爆装置。因此,猛炸药的使用和处理较安全。

2. 典型代表

(1) 梯恩梯,由甲苯用硝硫混酸分段硝化而制得。分子式为 $CH_3C_6H_2(NO_2)_3$,分子量为 227.13。其是淡黄色或黄褐色结晶体,受阳光照射后颜色变暗,撞击感度提高。常见的梯恩梯有块状、鳞片状和柱状三种,图 3.1 所示即为不同形态的梯恩梯炸药。梯恩梯在常温下对酸稳定,对碱敏感。可以长期储存,一般条件下遇燃烧产生带苦杏仁味黑烟,但不爆炸,对冲击、摩擦感度迟钝;被枪弹贯穿一般不燃烧也不爆炸。梯恩梯可以与其他炸药成分混合后以压装、注装等多种方式进行炮弹装药,所以适于装填各种不同类型的弹丸。

图 3.1 不同形态的梯恩梯炸药

(2) 黑索金,白色粉状结晶体,不溶于水,微溶于乙醚和乙醇。黑索金化学性质比较稳定,遇明火、高温、震动、撞击、摩擦会引起燃烧爆炸,是一种爆炸威力极强大的烈性炸药,人们还形象地称之为"旋风炸药"。常用的黑索金是经过石蜡钝化处理的，外观呈橘红色。图3.2所示为不同颜色的黑索金。钝化黑索金被广泛用于装填各种军用弹药，民用方面则被用于装填雷管、导爆索等。

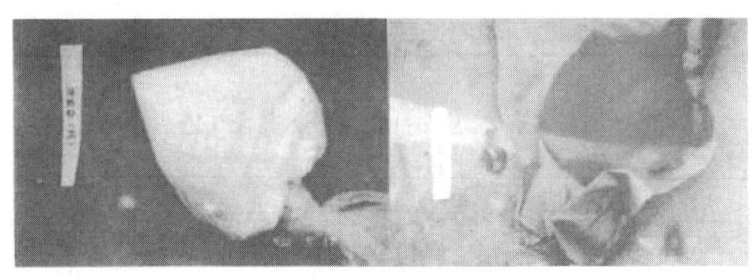

**图3.2 不同颜色的黑索金**

（3）硝铵炸药，以硝酸铵为主要成分的混合炸药，常为浅黄色或灰白色，吸湿性很强，易溶于水，易结块，常用沥青和石蜡作为防潮剂。硝铵炸药有毒，腐蚀性很强，是一种被普遍应用的民用炸药。

（4）塑性炸药，种类很多，国际上通常以"C族炸药"作为其代称，是以黑索金为主要成分，与非爆炸性的黏合剂、增塑剂混合而成的。塑性炸药为白色或略带黄色，吸湿性弱，具有良好的可塑性，爆速极快，威力比梯恩梯炸药略大。塑性炸药的摩擦感度比梯恩梯炸药大，在正常环境下可用8号雷管直接引爆。它可以被捻成不同形状使用，便于伪装。

（三）发射药

1. 用途与特性

发射药也称火药，是极易燃烧的固体物质。它具有规定的几何形状和尺寸、一定的密度和足够的机械强度，是以燃烧反应为主要反应形式的爆炸性物质。在军事上，人们主要利用发射药有规律燃烧的性质而将其用作火炮发射弹丸的能源。在采用适当的方式点火后，发射药能够按照平行层规律燃烧，释放出大量热量和气体，对弹丸做推进功。

2. 典型代表

黑火药历史悠久，是我国古代四大发明之一。它是由硝石（硝酸钾）、硫黄和木炭按一定比例组成的机械混合物，是一种弱性炸药，各成分的配比因种类不同而异。它在燃烧时产生大量的烟，故亦称有烟火药。它具有较强的吸湿能力，含水量超过5%就完全失去燃烧能力，主要被用于制造导火索、各种枪炮发射药引信、延期药、火工品等。图3.3所示为各种黑火药。

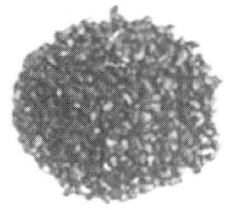  

图3.3　各种黑火药

综上，各种炸药的性能不同，用途也不同。表3-1为常见炸药的一些基本参数。

表3-1　常见炸药参数表

| 名　称 | 相对密度 | 爆热（kJ/kg） | 爆燃点（℃） | 撞击感度（kN/m） | 爆速（m/s） |
| --- | --- | --- | --- | --- | --- |
| 雷酸汞 | 4.3-4.4 | 1486 | 165 | 0.1-0.2 | 5400 |
| 叠氮化铅 | 4.8 | 1536 | 320-360 | 0.25-0.4 | 4500 |
| 斯蒂酚酸铅 | 3.0 | 1549 | 275-280 | 0.25-0.5 | 4900-5200 |
| 梯恩梯 | 1.645 | 5066 | 300 | 1.5 | 6900 |
| 特屈儿 | 1.73 | 4427 | 185 | 0.3 | 7570 |
| 黑索金 | 0.8-0.9 | 6025 | 230 | 0.75 | 8750 |
| 太安 | 1.76 | 5895 | 202 | 0.3 | 8000 |
| 黑火药 | 1.6-1.9 | 3015 | 265-275 | 1.2-1.8 | 500 |

（四）烟火剂

烟火剂按不同用途大致可分为两类，一类用于技术目的，一类用于娱乐目的。用于技术目的的烟火剂往往装有烟火制品，用于娱乐目的的烟火剂主要指焰火制品。从广义上说，我们可将各种烟花爆竹等归入炸药的范畴。

烟花爆竹是指以烟火药为主要原料，引燃后通过燃烧或爆炸产生光、声、色、型、烟雾等效果以供人们观赏，具有易燃易爆危险的物品。例如，礼花的强光来自化学性质活泼的金属如铝、镁、钛等粉末，它们被称为发光剂，在空中与氧化合，剧烈燃烧，温度可高达3000℃，因而发出耀眼强光。至于那五彩缤纷的效果，其实是一些普普通通的金属盐类发生特殊的焰色反应，起到了发色剂的作用。烟花爆竹固然能给我们的节日增添不少喜庆气氛，但使用时一定要注意安全。由于其化学性质活泼，一旦发生爆炸，后果是十分严重的。

## 任务三　火工品

### 一、火工品的定义和分类

火工品也称火具，它是一种用以引起炸药发生爆炸变化的专用制品。在受到外界很小能量的激发后，火工品即可按预定时间、地点和形式发生燃烧或爆炸，并产生各种预期效应，如声、光、电、热、气体等。

火工品可以分为点火器材和起爆器材两大类。其中常见的点火器材有火帽、拉火管、导火索、机械点火具等，常见的起爆器材有火雷管、电雷管、导爆索、导爆管、延期起爆管等。

### 二、点火器材

（一）定义

所谓点火器材，是指在外界作用下，释放出火焰冲能的火工品。

（二）典型代表

1. 火帽

火帽是一种带金属或塑料帽的管状点火元件（如图3.4所示）。其管内装填有少量易于受撞击或被点燃的起爆剂，使用时通过撞击产生火焰以点燃发射药或雷管。火帽的危险特性在于其对一定量的火焰、震动、撞击很敏感，易爆炸。

图 3.4 火帽

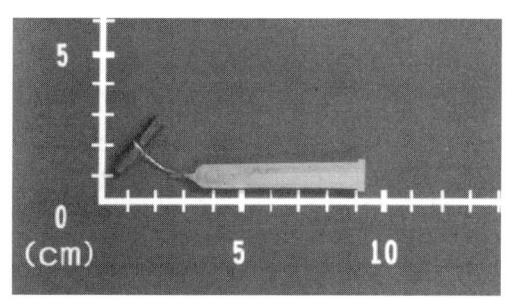

图 3.5 拉火管

2. 拉火管

拉火管的主要作用是点燃导火索，内装有对摩擦很敏感的起爆药。常见的拉火管有纸壳和塑壳两种，由火帽、倒刺、拉火丝、拉柄等组成（如图 3.5 所示），一般喷火距离不小于 4 厘米，受潮后易失效。

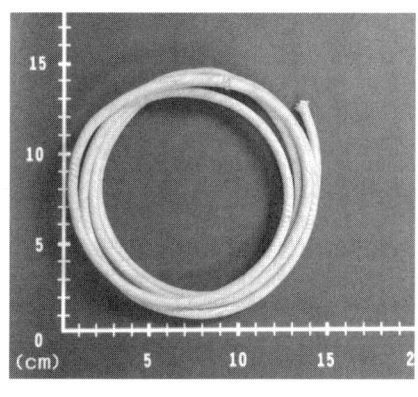

图 3.6 导火索

3. 导火索

导火索是一种外形如索的可延时传火的物品，表层为白色包线和土黄色的外层纸（如图 3.6 所示），外径一般为 5.2~5.8mm，每秒大约燃烧 1cm。导火索通常以黑火药为药芯，由棉线、纸条、沥青防潮剂等材料组成，主要适用于在无爆炸性气体或粉尘环境中延时引爆火雷管或炸药包，被广泛应用于矿山开发、水利兴修、交通建设、农田改造等的相关爆破工程。人们通常用火柴或拉火管点燃导火索。导火索常被置于手榴弹或炸药包等爆炸物内作为延期的部件。

4. 机械点火具

机械点火具是由一定的点火装置与加强火药或火帽组成的点火元件，被用来引燃爆炸物质或使推进剂快速燃烧。

### 三、起爆器材

（一）定义

起爆器材是指在外界作用下，释放出爆轰冲能的火工品。

（二）典型代表

1. 雷管（火雷管）

雷管是一种能接受火焰产生的爆轰冲能并将之传给炸药的装置，用于引爆各种爆炸装置，在生产及军事上被广泛应用。雷管主要由管壳、装药和加强帽组成，按材料不同分为金属壳（铜壳、铁壳、铝壳）、塑壳、纸壳等几种，内装起爆药，呈圆柱形，长约44～50mm，直径约6～6.6mm（如图3.7所示）。雷管可以瞬间爆炸，也可以附带一个定时装置。常用的雷管有6号和8号两种。雷管的储存期一般为5年，受潮后易失效。

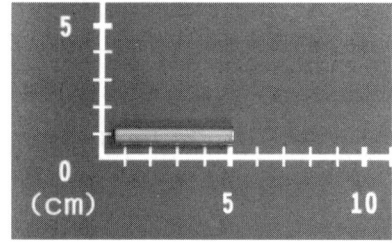 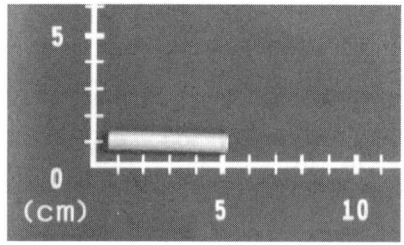

图3.7　铜壳、铝壳火雷管

2. 电雷管

电雷管是用电点火引爆炸药的装置。常用的有8号电雷管，主要被用于引爆各种炸药的装药，达到军用或民用的一些目的。爆破用电雷管为小型金属壳、纸壳或塑壳管，内装少量的起爆药和起爆电极，（如图3.8所示）。当电路接通后，可引发电雷管的爆炸，一节电池便能引爆一个电雷管。按用途不同，电雷管可分为普通电雷管和专用电雷管。

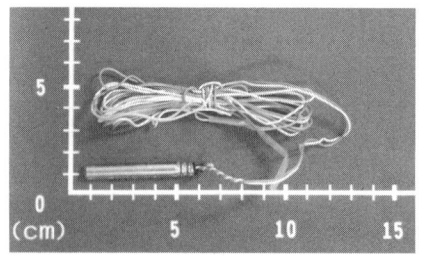

图3.8　8号电雷管

目前的专用电雷管大致有：抗静电电雷管，具有一定的抗静电性能；抗杂电电雷管，被用在有离散电流的场所，离散电流达 3A 时也不会爆炸；勘探电雷管，被用在地质勘探以及对抗静电有一定要求的场所；拍摄电影时所用的电影电雷管可模拟子弹的着弹点情况，以产生逼真的效果。

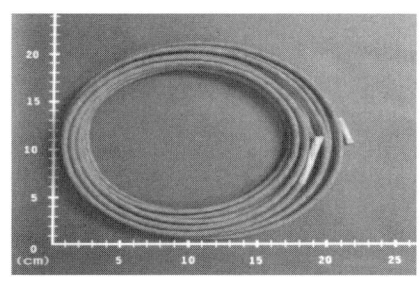

图 3.9　导爆索

3. 导爆索

导爆索是被用来远距离控制爆炸的引线，可同时起爆多个装药，一般被用在无沼气、煤尘矿尘爆炸危险的场所。它在大规模爆破工程中起传爆和引爆炸药的作用，也被用于金属切割、爆炸成型、爆炸压接等。

导爆索通常由精纺纤维束或塑料金属管内装填猛炸药制成，其传递的是爆轰波。常见的导爆索以黑索金做药芯，用棉线、纸条包缠，外涂防潮涂料，外部通常为红色（如图 3.9 所示）。按包缠物的不同，导爆索可分为棉线导爆索、塑料导爆索、铅皮导爆索等。其爆速可达到 7000m/s，用火雷管或电雷管都能起爆，且防水性能良好，长时间浸在水中仍能保持原有的爆炸性能。

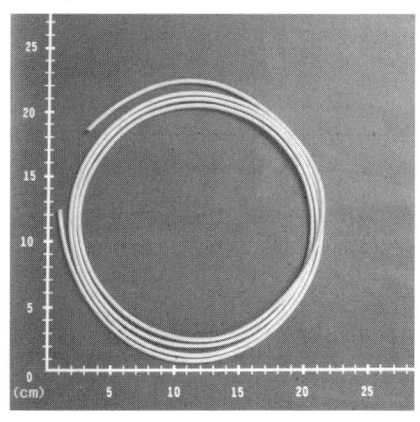

图 3.10　导爆管

4. 导爆管

导爆管是一种内壁涂有薄层炸药粉末的空心塑料软管，被用于增强雷管或引信的引爆力，对震动、机械摩擦、火焰等较敏感，易燃烧、爆炸（如图 3.10 所示）。

5. 延期起爆管

延期起爆管是被用于起爆炸药的制式点火管，由金属管件、摩擦拉火装置、延期药和雷管组成。

## 任务四　弹药

### 一、弹药的定义和分类

（一）弹药的定义

弹药是含有火药、炸药或其他装填物，爆炸后能对目标起毁伤作用或完成其他战术任务的军械物品。从广义上讲，它包括各种炸弹、手榴弹、照明弹、燃烧弹、烟幕弹、信号弹、催泪弹、毒气弹和子弹等。这类物品若被带上飞机，必然会给飞行安全带来极大的隐患。

（二）弹药的分类

弹药按用途主要可分为主用弹药、特种弹药、辅助弹药。主用弹药被用来毁伤各类目标，包括杀伤弹、爆破弹、穿甲弹、破甲弹、燃烧弹等；特种弹药被用于完成某些特定作战任务，如照明弹、烟幕弹、信号弹、宣传弹、干扰弹等；辅助弹药包括训练弹、教练弹、试验弹，是部队用于演习、训练、试验或射击比赛等的弹药。

本部分着重对枪弹（子弹）进行介绍。枪弹可以被用于远距离猎杀动物，战争中更是击杀敌人或破坏物资的最简便的工具。根据所配套使用的枪支种类的不同，枪弹可分为手枪弹、冲锋枪弹、步枪弹、机枪弹和大口径枪弹（口径在12mm以上）等。其中有些类型的子弹为手枪与冲锋枪兼用，有些为步枪与机枪兼用。

### 二、枪弹的构造及作用

枪弹通常由弹头、弹壳、底火和发射药组成（如图3.11所示）。扣动扳机时，枪的撞针撞击子弹尾部的底火，底火立即燃烧并点燃弹壳内的发射药，瞬间产生的气体使弹壳内的压强急剧增大，促使弹头向前飞出。

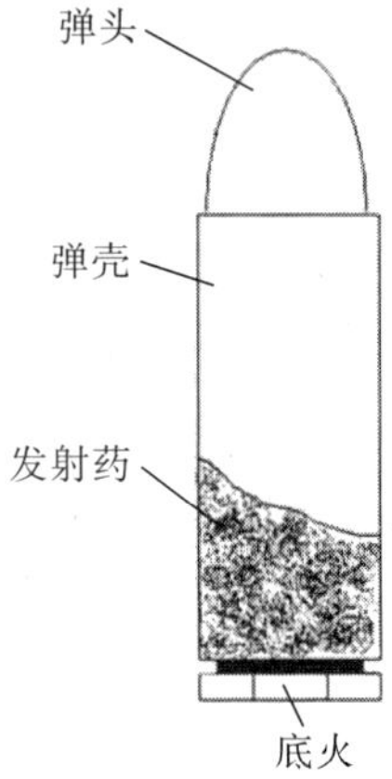

由此可见，子弹各组成部分的作用如下：弹头用以杀伤目标的有生力量；弹壳用以容纳发射药，安装弹头和底火，在射击时起密闭弹膛的作用；底

图3.11　枪弹的构造

火用以点燃发射药；发射药在燃烧后瞬间产生大量气体，推送弹头前进。

### 三、常见的枪弹

在我国军队、公安部门的装备中，常见的手枪弹有三种，分别是"五一""五九""六四"式手枪弹。前文所介绍的"警用三大件"中，"五四"式手枪使用的是"五一"式手枪弹，"六四"式和"七七"式手枪使用的是"六四"式手枪弹。这三种子弹的相关技术参数见表3-2，它们都具有粒小、飞行速度快、穿透力强的特点。

表3-2 常用枪弹的技术参数

| 枪弹种类 | 子弹全重（g） | 弹头重（g） | 弹壳直径（mm） |
|---|---|---|---|
| "五一"式手枪弹 | 10 | 5.5 | 7.62 |
| "五九"式手枪弹 | 10 | 6.1 | 9 |
| "六四"式手枪弹 | 7.5 | 4.8 | 7.62 |

此外，还有一些国外的常见枪弹（如图3.12所示），包括勃朗宁7.65mm手枪弹、毛瑟7.92mm步枪弹、苏联12.7mm机枪弹等。

图3.12 手枪弹、步枪弹和机枪弹

### 四、枪弹的识别与处置

（一）识别方法

由于枪弹的种类繁多，外形特征千差万别，这给安检人员识别枪弹带来了极大的困难。目前，安检现场对枪弹的识别主要是通过仪器识别和手工识别两种方法。相较于其他类别的违禁物品，行李中的子弹由于体积较小，检查起来一定的难度。要注意因子弹相对于X射线的角度不同，有时会呈现比较清晰的外形轮廓，而有时会产生很大程度的形变。这就要求安检人员一定要认真细致，如发现任何疑点，都应及时进行开箱包检查以进一步确认。

一般来说，藏匿在人身上的子弹是很容易被安全门发现并引起报警的，这时安检人员可以使用手持金属探测器进行重点搜身检查。此外，安检人员对旅客放入托盘内的小型金属物品同样不能忽略。由于子弹必须与枪支配合使用，才能产生威力，故若在旅客行李中或身上查获子弹，则必须认真追查其是否携有枪支等武器。

（二）处置方法

在安检现场，处置子弹的方法与枪支类似。如旅客无相关证明，又无法说清子弹的来源或用途，应予以扣留并交由机场公安部门处理。

此外，有些旅客的服装使用了子弹形的饰扣，这些饰扣与真的子弹相似，或者其本身就是用真的子弹改制的，这些饰扣的处置方法也应与真的子弹一样。

**五、典型案例**

案例一：2014年1月8日，某机场旅检6号通道中的某旅客通过安全门时脚部区域报警。安检员按照规定对其脚部进行重点检查和脱鞋检查，脱鞋时该旅客神情慌张，安检员遂提高警惕，随后从其鞋内掏出4发弹壳，后又查出该旅客鞋内及袜子内藏有16发弹壳及弹头，共计20发。

案例二：2015年8月26日，某机场旅检12号通道的安检员在对X射线机图像进行识别时，发现一名外籍旅客随身行李中有疑似子弹的物品，经开箱包检查，从其随身携带的行李中查获手枪子弹2发。

## 任务五 爆炸物

**一、爆炸物的分类**

前文已经介绍了炸药和火工品，而这两者恰是爆炸物的重要组成部分，接下来我们将对爆炸物进行全面介绍。

爆炸物的种类很多，性能各异，形状、尺寸和重量等都没有统一的规格。按使用方式的不同，爆炸物可分为延期爆炸物、触发爆炸物、投掷爆炸物、操纵爆炸物和多种发火装置爆炸物五类。

（1）延期爆炸物：其在设置之后，可在预定时间自行爆炸。其中，延期时间准确者，被称为定时爆炸物或定时炸弹。

（2）触发爆炸物：其在设置之后，受到外力作用才会爆炸。其所受外力作用可分为压发、拉发、松发和反拆卸等。

（3）投掷爆炸物：可直接投向目标并起爆炸的爆炸物，如手榴弹、手雷等。

（4）操纵爆炸物：预先在目标处设置好，可见机操纵起爆的爆炸物。其操纵方式可分为绳索操纵、有线电操纵和无线电操纵等。

（5）多种发火装置爆炸物：在一个爆炸物上安装有多种引信或其他装置的爆破器材。如延期爆炸物上安装有反排除装置，触发爆炸物上安装有遥控爆炸装置等。

## 二、爆炸物的基本组成

爆炸物通常由外壳、主装药（炸药）、引信三个基本部分组成。

### （一）外壳

外壳的主要作用是盛装炸药和引信。金属、陶瓷等材料的外壳在爆炸时还可以产生碎片，从而增强杀伤力。犯罪分子为了隐藏其作案行迹，往往利用日常生活用品的包装物做外壳，以达到伪装的目的。

### （二）主装药

主装药是爆炸物造成破坏的能源，也是爆炸物中最核心的部分。主装药盛装工艺多种多样，有熔注、压装和散装等，塑性及黏性炸药还能被捏合成各种形状。

### （三）引信

引信是爆炸物的发火装置，或是在预定条件下引燃主装药的控制装置。

按照发火原理，引信可分为机械引信、电引信和化学引信。

（1）机械发火引信：通常由引信体、击发装置、控制装置和起爆管等组成，靠机械力作用发火引爆。

（2）电发火引信：由开闭的两个电极片（电开关）、电池和电雷管等组成，一旦连通电路则就会引起电雷管爆炸。

（3）化学发火引信：其发火原理与化学反应相关。

按所受外力作用方式，引信可分为压发引信、拉发引信和松发引信等，它们分别会因受到压力、拉力及松力（原有的力被撤去）而发火。

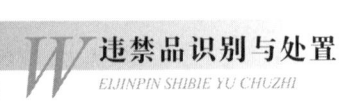

### 三、制式爆炸物与非制式爆炸物

同前文提到的枪支相同,爆炸物根据其制作工艺也可分为制式与非制式两种。

#### (一)制式爆炸物

通常情况下,国家军事相关部门统一生产制造的各类爆炸物均属于制式爆炸物。一般包括转换能量单元(如火帽、雷管)、控制时间单元(如导火索、导爆索)、放大能量单元(如导爆管)等部分。

#### (二)非制式爆炸物

非制式爆炸物也被称为自制爆炸物,是指来人利用简便器材或制式器材自行制造的具有一定威力的爆炸装置。非制式爆炸物一般容易制造、取材方便、形式多样。此类爆炸物往往设有压、拉、松、定时、反拆卸、反搬运等装置,伪装巧妙,识别上有一定的难度。

### 四、爆炸物的识别方法

无论在什么情况下,无论犯罪分子如何巧妙伪装爆炸物,只要安检人员认真检查、正确判断,是不难识别的。

对于爆炸物的识别,方式多种多样,但总体上可分为人工识别法和仪器识别法两大类。在实际的操作过程中,通常是将二者相结合的。

#### (一)人工识别法

人工识别法是利用人的感官,采用看、摸、闻、烧等方式,结合思维判断,检查可疑部位有无暗藏爆炸物,或直接对可疑物品进行外观、气味和燃烧性能识别的一种方法。其主要包括外观识别法、气味识别法和燃烧识别法。

1. 外观识别法

外观识别法是借助人的眼、耳、鼻、手的功能进行检查的方法。炸药在形态、颜色等方面都有一定特征,识别时可先将可疑物品与同类物品进行比较,检查有无不同之处,再将之与炸药的特征进行比较,从而得出初步结论。具体方法如下:

(1)看:观察物品的形状、大小、结构、颜色与同类物品是否相同,包装颜色是否正常，各部位是否有异常的痕迹。

（2）听：通过听来判断物品是否有可疑的异常声响，通过敲击判断物品是否空心，如有钟表定时装置的爆炸物会发出"滴答"声。

（3）摸、捏：用手的触摸或以适当力量按压来识别爆炸物，如物品是否有夹层，夹层里是否藏有各种爆炸物。装有爆炸物的物品的重量一般比同类物品大，故可以通过掂量被检物品是否偏重，从而判断是否有进一步检查的必要。

（4）拆：对于被怀疑的物品，要拆开外包装或外壳，看里面有无危险物品。

（5）试：对于有些电器仪表或摄影器材等小型电器，如有怀疑，可接通电源并操作，看其是否能正常工作。

2. 气味识别法

气味识别法就是嗅物品或食品是否有异常气味。炸药往往具有良好的挥发性，一般有硫黄味、苦杏仁味或特殊甜味，与食物的气味有明显区别，据此可以判断物品是否为爆炸物。

3. 燃烧识别法

炸药有一个共同特点，就是可以燃烧，而且可以被直接点燃。炸药点燃时，人们可根据燃烧的难易程度、燃烧状况、炽热程度和残留物等特征进行判断。方法是从可疑物中取少许样品（0.5g 为宜），将样品用纸包好，或将样品置于燃烧匙中，点燃并观察有无爆炸现象。当火焰烧到试样后，若发生轻微爆炸，或火焰的高度和颜色发生变化，并有浓烟释出，即可怀疑样品为炸药。表 3-3 为常见炸药的燃烧状况。

表 3-3 常见炸药的燃烧状况一览表

| 名称 | 燃烧状况 |
| --- | --- |
| 雷酸汞 | 只燃烧，不爆炸 |
| 硝铵炸药 | 少量平静燃烧而不爆炸 |
| 黑索金 | 燃烧猛烈，产生明亮的白色火焰，无残渣 |
| 太安 | 少量平静燃烧，火焰明亮而无黑烟 |
| 特屈儿 | 少量剧烈燃烧，黑烟较少 |

续表

| 名称 | 燃烧状况 |
| --- | --- |
| 硝化棉 | 易燃烧，火焰为橙黄色，几乎不变成气体，无残渣 |
| 梯恩梯 | 少量平静燃烧，产生大量黑烟 |
| 硝化甘油 | 少量平静燃烧，产生绿色火焰，并伴有轻微响声 |

（二）仪器识别法

仪器识别法就是使用各种专用仪器或化学手段，对可疑物品实施鉴定的方法。相关检查仪器通常由探测部分、信号处理部分和报警装置三部分组成，广泛运用了光学、电子学、雷达、声学、射线和传感技术。

在爆炸物的仪器识别中，常规的安检仪器仍然发挥着重要的作用。安检人员可以根据 X 射线机图像上物体的形状、明暗度、相对位置关系来识别行李中是否藏有爆炸物。因爆炸物通常带有金属外壳或金属引信，故对于藏匿于身上的爆炸物可利用安全门与手持金属探测器进行识别。

图 3.13　电子听音器

此外，针对爆炸物检测也有一些专用的特种仪器，最典型的就是前文提到的爆炸物探测仪，它能够进行痕量检查，能够检测到行李中极微量的爆炸物。针对一些含有老式定时装置的爆炸物，使用电子听音器（如图 3.13 所示）可将其内部钟表指针走动的声音放大上千倍，检查人员在远距离外依然可以很清晰地听到。此外，还有离子漂移检查设备，可将吸附在人身上的离子送进分析室进行质谱分析，以检测其是否含有爆炸物成分等。

图 3.14　CT 安检设备

更为先进的是 CT 安检设备（如图 3.14 所示），它通过对目标物体进行多角度的投影透视扫描，利用三维重建算法，能够获取被检查物体的尺寸、形状、内部结构及密度等信息。近年来，利用 CT 扫描技术可以获取被检物质原子序数和电子密度在三维空间的分布信息，从而实现更准确的物质成分识别。依靠强大的密度分辨能力和空间分辨能力，结合物品的空间形状信息，利用 CT 扫描技术可以准确地发现并定位行李中隐藏的爆炸物。

**五、爆炸物的处置方法**

安检人员在安检现场发现爆炸物后，应立即采取可靠措施，防止意外事故的发生。若是旅客携带有疑似爆炸物，安检人员应立即将其扣留，并送交公安机关审查处理。处置爆炸物前，应首先迅速查明爆炸物的种类、性能、原理、危险程度、伪装方法、有无诡计装置等，并根据爆炸物的性质和现场人员的具体情况，采取灵活机动的方法迅速处置。

（一）基本处置原则

爆炸物是具有较大杀伤力的装置，一旦爆炸，将造成严重的后果。因此，在处置爆炸物时一定要慎重。

要尽可能地不让爆炸物在人员密集的候机楼内爆炸，万一其在候机楼内爆炸，也要最大限度地降低爆炸的破坏程度，千方百计地保障旅客、民航工作人员和排爆人员的安全。发现爆炸装置（包括可疑爆炸物）后，应禁止无关人员触动，只有经过专门训练的专职排爆人员才可以实施排爆。

（二）准备工作

1. 建立排爆组织

确定对爆炸物进行处置，要事先成立排爆队，除由领导亲自指挥外，还要由有专业排爆知识和经验的专职排爆人员来实施排爆。此外，还要组织好医护、消防小组，并令其处于待命状态。

2. 准备器材

排除爆炸物是一项危险性极大的工作，为保障人员的生命安全，应尽可能利用一些防护器材和排爆工具。防护器材主要有机械手、防爆筐（箱）、防爆毯、防爆服（如图 3.15 所示）、防爆头盔等，也可以用沙袋将爆炸物围起来。排爆工具主要有钳子、剪子、刀具、高速水枪、液态氮，以及新式的排爆机器人（如图 3.16 所示）等。

# 违禁品识别与处置

图 3.15 防爆服

图 3.16 排爆机器人

### 3. 清理现场

在排爆现场,应将爆炸物附近的仪器等全部转移,对不能移动的仪器应采取防护措施,现场的门窗都要打开,以使爆炸产生的冲击波得到释放。

如果爆炸物是可以转移的,则要事先确定排爆地点。该地点应在勤务方案中事先确定,通常是附近没有人员、建筑物和飞机的偏僻地点,最好事先在排爆地点构筑排爆掩体等设施。如临时确定排爆地点,要及时清理该地点的铁质物品等硬物。

### 4. 疏散人员

即使拥有最有经验的排爆人员,用最有效的排爆器材和工具去处置爆炸物,也难以百分之百地保证爆炸物不爆炸。因此,在处置之前应考虑疏散无关人员。

疏散人员之前要大致判断一下爆炸物,先判断其真假,以决定是否疏散人员;然后判断一下其威力,以决定在多大程度、多大范围内疏散人员。

疏散方式有三种:①不撤离。当某件可疑物品被明显证据证明是非爆炸物,且被判断为几乎没有多大杀伤力时,可不疏散旅客和其他人员,只做适当的警戒。②局部撤离。当某件物品被确认为爆炸物但被判断为威力不大时,可对旅客和其他人员在一定范围内进行疏散。③全部撤离。当判定爆炸物的威力很大时,要撤离爆炸物所在飞机和建筑物内的全部人员。

（三）处置爆炸物的程序

1. 对爆炸物的判断

主要包括对真假的判断和威力的判断，以及是否有定时装置、水平装置、松压拉、防拆卸等诡计装置等。对爆炸物做出准确的判断是很重要的，在采取措施之前要慎重进行。判断主要靠排爆人员的水平、智慧和经验，还可以借助一些器材进行，如电子听音器可用于判断是否有定时装置，用小型移动式X光机对物品进行不同角度的透视可以看清其内部结构等。

2. 对爆炸物的处置

处置爆炸物的常用方法大致有三种：人工失效法、转移法、就地销毁法。究竟采用何种方法，应视不同情况而定。

（1）人工失效法。如果判断爆炸物不便转移，可在现场用人工失效法将之排除。对处于危险状态的延期或触发式爆炸物，首先应使其引信失去功能，再对整个爆炸物进行拆卸，使引信和弹体（炸药）分开。

（2）转移法。当爆炸物位于候机楼或飞机周边等重要场所，装有反拆卸装置，排爆人员无把握进行人工失效并判断能将之移动时，要将爆炸物转移到安全地点进行处理。转移时应先确定路线，尽量避开旅客密集区、重要设施、高压线、油管等，并在沿途设置警戒线。最好的方法是利用机械手抓起爆炸物，移到室外再装入防爆车进行转移，也可用防爆筐（箱）将其抬走。

（3）就地销毁法。对装有反拆卸装置而排爆人员没有把握排除，或失效处置后无保存价值的爆炸物，通常采用就地销毁的方法处理。销毁爆炸物采用诱爆的方法进行，可用沙袋围在爆炸物周围以降低其破坏程度。销毁爆炸物工作应当由专业人员实施，并要有人警戒，防止无关人员误入危险区。

**六、典型案例**

案例一：2003年9月4日，某旅客携带的教学用爆炸物品被某机场安检人员查获，内有炸药14种、雷管8根、导火索3根、拉火管2根。这是该机场运行以来查获爆炸物品种类和数量最多的一次事件。中午12

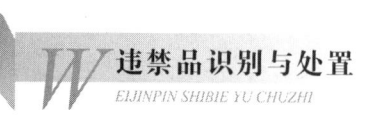

时左右,当装有爆炸物品的包裹图像出现在X射线机屏幕上时,立即被安检员敏锐地辨别出来,他迅速停下了X射线机,将行李控制在机器传送带内,并马上通知值班队长有特殊情况,准备按照紧急情况处置预案进行处理。安检员见该旅客已年过花甲,且神态表情均无异常,但他还是牢牢控制住机器内的行李,做了妥善处理。后查明,该旅客是某市公安局刑侦总队的退休人员,此次乘坐航班是赴外地进行"防爆"讲学,所携带的14种炸药均已失效。

案例二:2007年4月17日,某机场安检站行检科在对一旅客的托运行李进行例行检查时,在X射线机图像中发现一袋类似电雷管(圆柱体,内有凹槽及两个击点,外有铜线导火索)的可疑物品,便立即按照紧急预案程序进行处理。经查,该旅客托运行李中夹带的是86枚需通电点燃的冷烟火,是用于制造舞台效果的,燃放时的喷射高度为3m。同时,安检人员在其随身携带的吉他内也发现1枚冷烟火。在被移交公安机关进行进一步审查后,该旅客被依法处以罚款人民币1000元,并取消乘机资格。

**思考与练习**

1. 什么是爆炸?爆炸可分为哪几类?
2. 炸药按照用途的不同可分为哪几类?各自有何特点?
3. 炸药的感度与起爆能之间有何关系?
4. 列举出一些常见的炸药,它们分别属于哪一类?
5. 什么是点火器材?常见的点火器材有哪些?
6. 什么是起爆器材?常见的起爆器材有哪些?
7. 根据填装武器的不同,枪弹可分为哪几类?
8. 枪弹主要由哪几部分组成?每部分的作用是什么?
9. 爆炸物由哪些基本部分组成?按使用方式可分为哪几种?
10. 如何通过燃烧识别法鉴别炸药?
11. 处置爆炸物有哪几种方法?

# 项目四 管制刀具

## 任务一 刀具概述

### 一、刀具的种类

刀具是生产和生活中被用于切削的工具。刀具的种类和造型多样。绝大多数的刀具是金属材质的，还有一些由陶瓷、木料以及一些新型材料制成的刀具。大部分刀具都有一定的杀伤力，所以民航局对刀具的携带和运输都有明确的规定。

刀具可分为管制刀具和非管制刀具。有些刀具由于自身结构特点而伤害性较大，因此国家在生产、销售等诸多环节均对其加以管制，故其被称为管制刀具。而常见的一些生活用刀（如菜刀、水果刀等）以及专业刀具（如手术刀、雕刻刀等）则属于非管制刀具。根据民航局相关规定，旅客携带不同的刀具乘坐民航班机时，安检部门应采取的处置措施也不同。

### 二、相关术语说明

刀具的相关术语如图4.1所示。

（1）刀柄：指刀上被用来握持的部分。

（2）刀格（挡手）：指刀上用来隔离刀柄与刀身的部分。

（3）刀身：指刀上用来完成切、削、刺等功能的部分。

（4）血槽：指刀身上的专用刻槽。

（5）刀尖角度：指刀刃与刀背（或另一侧刀刃）上距离刀尖顶点10mm的点与刀尖顶点形成的角度。

（6）刀刃（刃口）：指刀身上用来切、削、砍的一边。一般情况下，刃口厚度小于 0.5mm。

（7）刀尖倒角：是指刀尖部所具有的圆弧度。

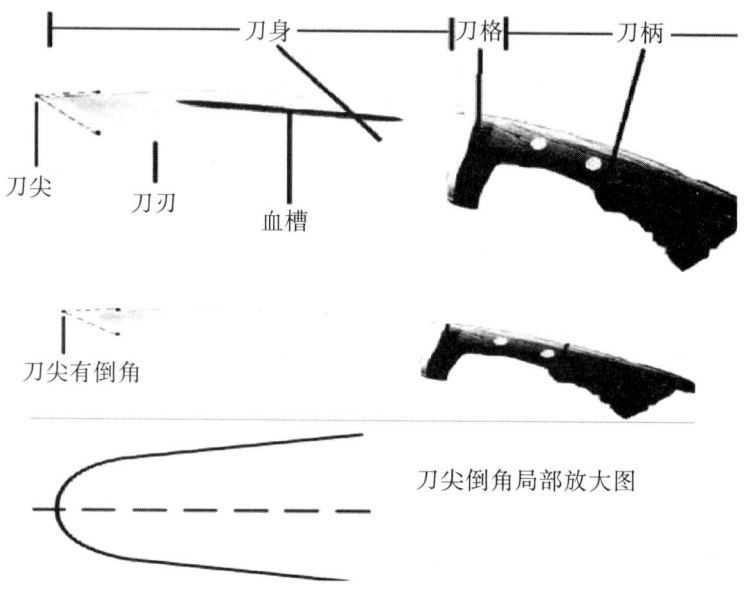

图 4.1 刀具的相关术语

### 三、管制刀具的特征及认定标准

（一）管制刀具的特征

管制刀具是有较大危险性的违禁物品，实际上是凶器，我国严禁任何单位和个人非法使用、制造和销售管制刀具。但在我国的少数地区，因管制不严，非法制造和贩卖管制刀具的现象不断发生。这类凶器有的未被伪装，直观上一看就知道是刀具。而有的被制造得非常巧妙，从外观上看是一件日常生活用品，而里面却隐藏着可用于犯罪的刀具。如果不认真仔细地检查，其容易被劫机者带上飞机。而劫机者一旦得逞，后果不堪设想。

（二）管制刀具的认定标准

有关管制刀具的认定标准参看《公安部关于印发〈管制刀具认定标准〉的通知》（公通字〔2007〕2号）。

（1）凡符合下列标准之一的，可以认定为管制刀具：

①匕首：带有刀柄、刀格和血槽，刀尖角度小于60°的单刃、双刃或多刃尖刀。

②三棱刮刀：具有三个刀刃的机械加工用刀具。

③带有自锁装置的弹簧刀（跳刀）：刀身展开或弹出后，可被刀柄内的弹簧或卡锁固定自锁的折叠刀具。

④其他类似的单刃、双刃、三棱尖刀：刀尖角度小于60°，刀身长度超过150mm的各类单刃、双刃和多刃刀具。

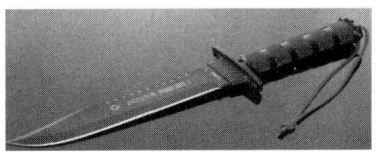
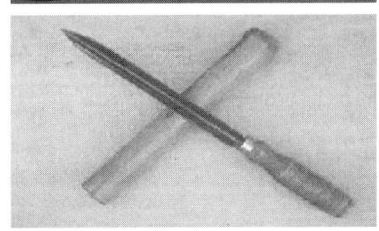
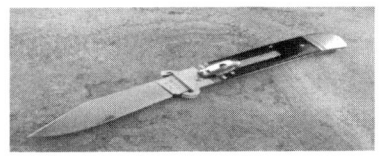

图4.2　匕首、三棱刮刀、弹簧刀

⑤其他刀尖角度大于60°，刀身长度超过220mm的各类单刃、双刃和多刃刀具。

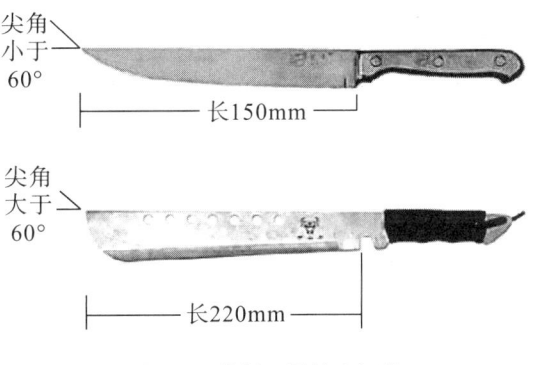

图4.3　管制刀具认定标准

（2）未开刀刃且刀尖倒角半径大于2.5mm的各类武术、工艺、礼品等刀具不属于管制刀具范畴。

（3）少数民族使用的藏刀、腰刀、靴刀、马刀等刀具的管制范围认定标准，由少数民族自治区（自治州、自治县）人民政府公安机关参照本标准制定。

从目前的安检情况来看，现场查获的此类违禁物品的数量较多。所以，安检人员必须熟练掌握识别此类违禁物品的方法。

## 任务二　常见的管制刀具

### 一、从外观上能确定的管制刀具

除前文提到的匕首、三棱刀等杀伤性极强的刀具外，弹簧刀、蝴蝶刀等刀具均属于管制刀具。

1. 弹簧刀

弹簧刀通常是指可触发开关使刀刃自动弹出的刀，其刀身展开或弹出后可被卡锁固定而无法收回（如图4.4所示）。在我国，目前弹簧刀为被禁止使用的刀具，人们不能随身携带。

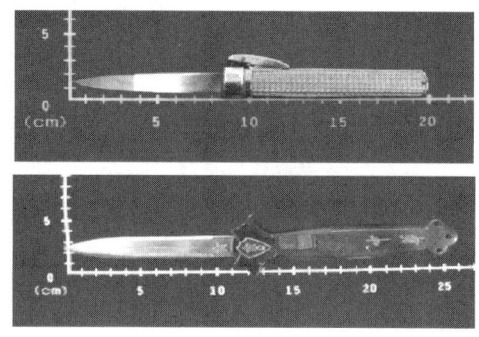

图4.4　弹簧刀

2. 蝴蝶刀

蝴蝶刀是指一种非典型折刀，可以方便安全地被收为一半的长度，其刀柄有着双重作用，既是刀鞘，也可以通过旋转而组成一个坚固的手柄。其绝大部分由不锈钢制成（如图4.5所示）。

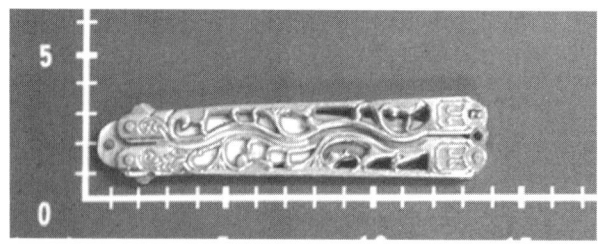

图4.5　蝴蝶刀

## 二、民族刀具

有些少数民族人民有佩刀的习俗，并且形成了自己特有的风格，比如藏族、蒙古族、保安族、阿昌族等。刀既是一种实用的工具，也是一种装饰品。

1983年3月，公安部颁布《对部分刀具实行管制的暂行规定》，第十二条规定："少数民族由于生活习惯需要佩带的刀具，由民族自治地区制订办法管理。"2007年1月，公安部颁布《管制刀具认定标准》规定："少数民族使用的藏刀、腰刀、靴刀、马刀等刀具的管制范围认定标准，由少数民族自治区（自治州、自治县）人民政府公安机关参照本标准制定。"以上法规并不是说少数民族人员可以在任何地方携带刀具而不违法，少数民族人员携带刀具是有地域限制的，只能在民族自治地区内佩带和销售民族刀具；而在非民族自治地区，少数民族人员必须遵从当地的相关规定，不得佩带这类刀具。

1. 藏刀

藏刀（如图4.6所示）又称藏腰刀，刀把多用牛角、牛骨或木材制成，较高档的刀把缠绕有银丝、铜丝等。其刀鞘则更为讲究，除少数较简单的刀只有木鞘或皮套外，多数包有黄铜、白铜甚至白银，并且上面刻有各种精美的飞禽走兽及花草等图案，有的还镶嵌有各种宝石或镀金等，显得华丽高贵。

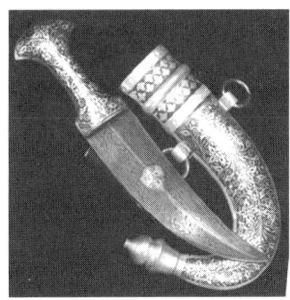

图4.6 藏刀

2. 蒙古刀

蒙古刀（如图4.7所示）是蒙古族牧民的生活用具，其吃肉、宰牛羊时用它,有时也将之当作生产工具,经常带在身上。蒙古刀既是牧民不可缺少的日用品,又是一种装饰品。刀身一般以优质钢打制而成,长十几厘米至数十厘米不等,钢火好则锋刃利。刀柄和刀鞘很讲究,有钢制、木制、银质、牛角制、骨头制等多种,有的还镶嵌有银质、铜质和铝质的图案,有的甚至镶嵌有宝石,也有的配有一双兽骨或象牙筷子。

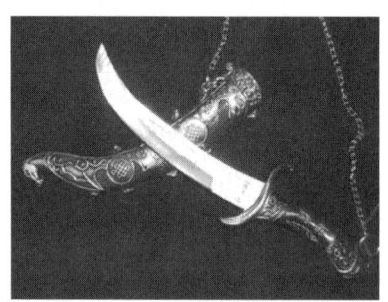

图 4.7　蒙古刀

3. 保安腰刀

保安族是著名的腰刀民族,保安腰刀(如图4.8所示)与藏刀、蒙古刀齐名。保安腰刀造型优美,线条明快,装潢考究,工艺精湛。它的出现与该民族在元代的军事活动密切相关,制造弓箭、土枪等相关的冶铁技术的发展使他们拥有了先进的制刀技术。保安腰刀种类繁多,各具特色,最具有代表性的是"折花刀"。

图 4.8　保安腰刀

### 三、外观是日常生活用品的管制刀具

除上文提到的管制刀具外,还有一些案例中所涉及的刀具可能在外观

上是普通的生活用品,而实质上属于管制刀具,对于此类物品的检查要非常谨慎。

手杖刀(手杖剑)在安检中曾多次被发现,其在国外的一些礼品商店中有出售,伪装性强,可用于自卫(如图 4.9 所示)。

梳子弹簧刀从外观上看并无可疑之处,很像一把梳子(如图 4.10 所示)。这种刀具的特点是在梳子的柄部有一个小按键,键被按下时,就会从梳子的背上弹出一枚锋利的钢片。这是一种危险的凶器,与我国管制刀具中带有自锁装置的弹簧刀类似。笔刀同理(如图 4.11 所示)。

图 4.9　手杖刀　　　　图 4.10　梳子弹簧刀

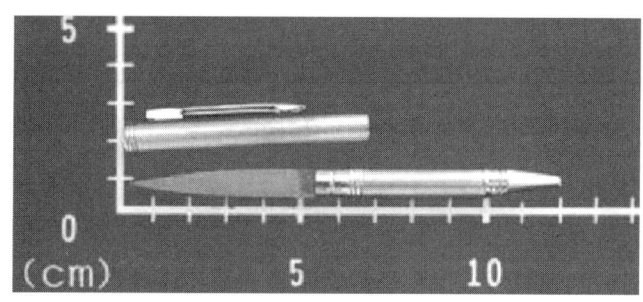

图 4.11　笔刀

通常情况下,针对此类带有伪装性的刀具,安检人员一律应按管制刀具进行处置。

**四、管制刀具的识别和处置**

(一)识别方法

识别藏匿于行李中的管制刀具通常使用 X 射线机。管制刀具一般由刀刃和刀柄组成,有的还有刀鞘。由于这三部分的材质、形状、厚度可能不同,所以从 X 射线机显示器显示的图像中往往可以看出不同组成部分

的差异：刀刃一般由金属制成，通常在 X 射线机显示器中显示为蓝色，但因其厚度和密度不同，则颜色深浅会有不同；刀柄和刀鞘部分因其不同的材质也呈现为深浅不同的颜色。同时还应注意，因刀具在箱包内放置角度的不同，显示的图像会有较大的差异。

在对 X 射线机图像进行识别时，安检人员要做到一丝不苟，善于抓住图像的主要特征，要注意日常生活用品的图像中原本应该有的部分而被检物品没有，或原本没有而被检物品多出来的部分，对于这些部分或物品应重点检查。如果显示器显示的图像不够清晰，必须开箱包检查，直到弄清楚为止。

如果旅客身上藏匿有管制刀具，其通过金属探测门时会引发警报。安检人员可根据报警的部位使用手持金属探测器或采取手工方式做进一步的检查，要特别注意人身上应重点检查的部位。安检人员只要认真细致，藏匿于人身上的管制刀具是完全能够被查出的。

（二）处置方法

1. 扣留

通常情况下，安检人员对于查获的管制刀具一律予以扣留，并做违禁物品登记；同时，还应对携带者进行审查，并送交机场公安部门处理。

2. 托运

在下列特殊情况下可让旅客将该刀具作为限制物品办理托运：①国内旅客中持有"匕首佩带证"且事先声明者；②在民族自治地区内乘坐民航班机的少数民族旅客；③在我国少数民族自治地区内购买民族刀具的外国或境外旅客。

除管制刀具以外，如水果刀、剃须刀等生活用刀和手术刀等专业刀具，可在值机柜台办理托运；如来不及托运，可以办理暂存手续。

五、典型案例

案例一：2014 年 1 月 9 日，某机场旅检 9 号通道安检员对一名旅客进行正常的人身检查，当检查到该旅客腰部时，发现该旅客皮带部位有异常，他随即请该旅客配合解下皮带检查，经仔细查验后发现该旅客皮带头内有一把隐藏式小刀，刀刃长度 7cm。

案例二：2005年10月10日上午，某国际机场安全检查员在执行安全检查任务时，发现了一件可疑的行李，该行李中有一把不小的刀具，安检员便向物主进行询问，该旅客坚决否认自己携带有刀具。开包员当即开包检查，一个不锈钢杯引起了他的注意，打开杯子后，一把刃长约9cm的自锁弹簧刀果然藏匿其中。该旅客故意携带、隐匿管制刀具的行为，存在危及航空安全的可能性，安检员迅速将其移送机场公安机关，并最终取消了他的乘机资格。

**思考与练习**

1. 什么是管制刀具？
2. 管制刀具的认定标准有哪些？
3. 请列举一些常见的管制刀具。
4. 安检人员如何识别管制刀具？
5. 安检部门对查获的管制刀具应如何处置？

# 项目五　易燃或易爆物品

## 任务一　燃烧原理

### 一、燃烧的定义及特点

我们要研究易燃易爆危险物品，就必须先了解燃烧。

燃烧通常是指可燃物与氧化剂作用发生的剧烈的化学反应，通常伴有发光、放热等现象。因此，放热、发光和氧化反应这三个条件须同时存在，才能判断为燃烧。例如，白炽灯泡有放热发光现象，但没有发生氧化反应，是一种物理现象；金属生锈是一种氧化反应，但没有放热、发光现象；生石灰遇水发生反应是一个放热过程，但不发光，也不是氧化反应；所以，这些都不是燃烧。

### 二、燃烧的过程

可燃物质按物态可分为气态、液态、固态可燃烧物质。对于固态和液态的可燃物质而言，燃烧一般不是物质本身直接燃烧，而是物质受热释放出的气体或蒸气在空气中燃烧。因此，气体物质比固体和液体物质要容易燃烧得多。因为气体物质的燃烧不需要像固体、液体物质那样经过熔化、蒸发等准备过程，其在常温下就具备了燃烧的条件。气体燃烧所需的热量仅被用于汽化、分解气体和将气体加热到燃点。各物态物质的燃烧过程如图5.1所示。

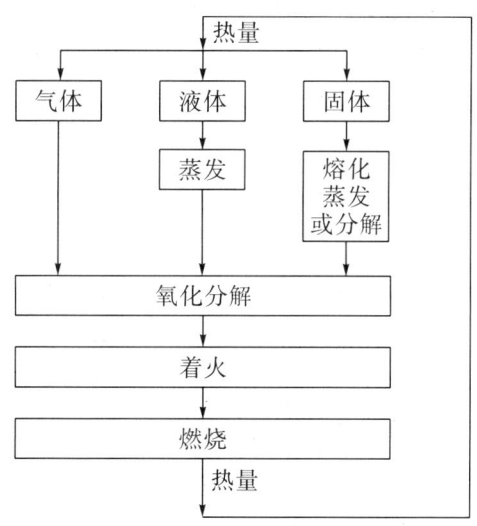

图 5.1　各物态物质燃烧过程示意图

### 三、燃烧的速度

燃烧速度指的是单位时间燃烧掉可燃物的量，反映了燃烧的快慢及难易程度。影响它的因素较多，概括起来有以下四点。

（1）不同物质的燃速取决于该物质的组成成分。物质中所含碳、氢、硫、磷等可燃性元素越多，燃速越快；反之，则燃速越慢。

（2）同一可燃固体物质的燃速，取决于其燃烧表面积与体积的比例。比例越大，供氧越充分，燃烧速度越快；反之，则燃烧速度越慢。所以，颗粒状固体比块状固体燃速快，粉末状固体燃速则更快。某些物质（如铝）呈块状时不燃，而呈粉状时易燃，甚至易爆炸，所以铝块不是易燃物品，铝粉却属于易燃物品。

（3）物质的燃烧速度还与其还原性有关。可燃物通常在燃烧这个氧化还原反应中充当还原剂。因此，可燃物的还原性越强，燃速就越快。

（4）物质的燃烧速度有时还会受本身密度及外界压力的影响。

### 四、燃烧的类型

按氧化速度和持续时间的不同，燃烧一般分为闪燃、着火、自燃和化学爆炸等类型。

（1）闪燃。闪燃是指在一定温度下，可燃物质在明火作用下发生一闪即灭的燃烧。闪燃现象多见于液体燃烧，也有少量能直接升华成气体的固体（如樟脑）的表面产生的可燃蒸气遇火源能够被点燃，但其不能持续燃烧，故会很快熄灭。

（2）着火。着火是指可燃物质在明火的作用下，持续而稳定燃烧的现象。这是所有可燃气体、液体、固体物质的共同特征。

（3）自燃。自燃是指可燃物质靠自身发热或者被外部热源加热至一定的温度时，不需明火作用也能自发燃烧的现象。根据热量来源的不同，自燃可分为受热自燃和自热自燃。前者所需的热量来自外界，如火焰隔锅加热引起锅内油的自燃；后者所需的热量由物质自身反应而得，如白磷露置于空气中发生氧化作用，产生热量，从而引起自燃。

（4）化学爆炸。爆炸可分为物理爆炸、化学爆炸与核爆炸。化学爆炸属于燃烧的一种类型，是指物质在瞬间发生剧烈氧化或分解反应产生大量的热量和气体，并急剧向四周扩散和冲击，同时发出巨大响声的现象。

## 五、燃烧的条件

燃烧的发生必须同时具备以下三个条件。

（1）可燃物，也称燃料。凡能与空气中的氧气或其他氧化剂发生剧烈反应的物质，如木材、纸张、汽油、酒精、煤气等，均为可燃物。

（2）助燃物。能帮助和支持燃烧的物质叫助燃物，一般指氧气和各种氧化剂。氧气是最主要也最易获得的助燃物，空气能助燃实质上就是空气中的氧气在起作用，物质完全燃烧必须要有足够的氧气。例如，烧尽1kg木材需 $4\sim5m^3$ 的空气，当空气中的氧气不足时，燃烧就会逐渐减弱，直至熄灭。

（3）火源。凡能引起可燃物质燃烧的能源都叫火源，如明火、摩擦、机械冲击、电火花、聚焦的日光等。这些火源所产生的热量引起可燃物燃烧，并持续到可燃物燃尽为止。

以上三个条件如同三角形的三条边，可组成一个燃烧三角形（如图5.2所示）。例如，生火炉只有具备木材（可燃物）、空气（助燃物）、火柴（火源）三个条件，才能燃起火。除去三角形的某一边，三角形即不能成立；同理，去除燃烧的任何一个条件，燃烧即终止。所有防火措施和绝大多数的灭火措施均是依据这个原理而设计的。

可燃物质遇火源开始持续燃烧所需的最低温度叫作燃点或着火点。不同的可燃物质的最小点火能量和燃点是不同的。最小点火能量越小或燃点越低，说明该可燃物质越容易着火，危险性也越大。

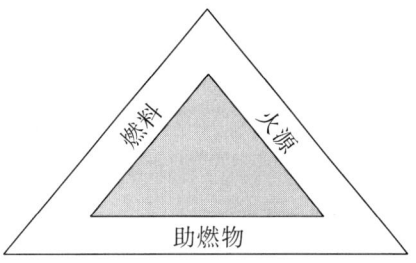

图 5.2　燃烧三角形

## 任务二　易燃气体

### 一、气体的定义及相关指标

一般而言，物质有三种状态：固态、液态、气态。气体指任何一种气态物质，是没有一定形状和体积、可以流动的物质。与液体和固体不同的是，气体可以被压缩，原因在于其分子间隙较大。气体分子可以自由运动，充满整个容器，因此气体的体积就是充满气体的容器的容积。气体分子不断地撞击容器的器壁而产生对器壁的压力，气体作用在单位面积器壁上的压力就叫作气体的压强。

### 二、气体的不同状态

（一）液化气体

液化气体，指的是当温度高于-50℃时部分呈液态的气体。

1. 液化的目的

在正常情况下，少量的气体能够占据很大的空间。如在标准状态下（0℃，1个标准大气压），1kg氨气的体积约为1317.6L，1kg氯气的体积约为315.5L。可见，在这样的情况下，气体的体积对生产和生活都会造成很大的不便。为了便于包装、储运和使用气体，常见的有效手段是使气体液化。对气体进行压缩，同时进行降温，就有可能将气体转化为液态，这个过程叫作液化。被液化的气体在原名称之前往往被冠以"液化"或"液态"，如液化氢气、液态氧（又可简称液氢、液氧）和液化石油气等。

## 2. 临界温度与临界压强

气体只有在温度被降低到一定值时再加压才能被液化，若温度超过此值，则无论加多大的压强都不能使气体液化，这个温度叫作临界温度。也就是说，临界温度是加压使气体液化所允许的最高温度。不同的物质，其临界温度也不同。

气体在临界温度时，还须被施加一定的压强才能被液化。使气体液化所需的最小压强叫作临界压强，人们习惯上也把它称为临界压力。不同的物质的临界压强也不同。表5-1为几种常见气体的临界温度和临界压强。

表5-1 几种常见气体的临界温度和临界压强表

| 气体名称 | | 临界温度（℃） | 临界压强（大气压） |
|---|---|---|---|
| 氢气 | $H_2$ | －239.9 | 12.8 |
| 氧气 | $O_2$ | －118.8 | 49.7 |
| 氮气 | $N_2$ | －147.1 | 33.5 |
| 氯气 | $Cl_2$ | 143.9 | 76.1 |
| 氨气 | $NH_3$ | 132.4 | 111.3 |
| 甲烷 | $CH_4$ | －82.1 | 46.3 |

临界温度和临界压强是反映物质相态的两个重要参数：

（1）当温度在某种气体的临界温度以上时，无论施加多大的压强都不能使该气体液化。

（2）当温度在某种气体的临界温度时，只需施加比临界压强稍大的压强就可使该气体液化。

（3）当温度在临界温度以下时，使气体液化所需的压强小于临界压强；而且温度越低，所需的压强越小。

（4）通常气体的使用和储运都在常温下进行，而且罐装气体的容器不绝热，即容器内外的温度是一样的。因而临界温度低于常温的气体一般是压缩气体，临界温度高于常温的气体一般是液化气体。

### （二）压缩气体

压缩气体，是指在－50℃下加压时完全是气态的气体，包括临界温度低于或者等于-50℃的气体。

对于临界温度较低而不方便液化的气体，人们往往进行压缩处理，而被压缩后的气体必然导致容器内部压强增大。按规定压力灌装在合乎质量要求和安全标准的容器内的气体在正常情况下不会发生危险，但当容器受到剧烈撞击、震动而使容器内的压力骤增并超过容器的耐压能力时，就会发生爆炸。另外，气体的温度对压强影响很大，当气体体积不变时，温度每升高1℃，压强就会增加其在0℃时的压强的1/273。所以装满气体的容器因受热而引起内装气体压强增大也很容易导致物理爆炸。容器爆炸后，有可能紧跟而来的是其内部易燃气体的化学爆炸或有毒气体的扩散，造成更为严重的后果。

（三）加压溶解气体

一些液体对某种气体有特别强的溶解性，如氨可以大量溶解在水里，乙炔可以大量溶解在丙酮中，人们利用这种性质可以储运某些不易液化或被压缩的气体。例如，在乙炔钢瓶内填充许多的多孔性材料，再注入丙酮，然后把乙炔加压灌入，使之溶解在丙酮中。这种溶解在溶剂中的气体，被称为加压溶解气体。

溶解有气体的溶液受热以后会大量地释放出所溶气体，使容器的内压急剧增大，从而引起物理爆炸。另外，许多可溶解气体的溶剂是易燃的有机溶剂，若发生爆炸，就有可能造成更严重的事故。

### 三、易燃易爆气体的定义及分类

（一）定义

易燃易爆气体是指常温常压条件为气态，经压缩、液化或加压溶解的处理后，贮存于各式耐压容器中的物质。由于容器内外有压力差，这类物品存在一定的危险性，再加上其本身的化学性质，故被称为易燃易爆气体。

（二）分类

易燃易爆气体按化学性质可分成三个小类：易燃气体、非易燃无毒气体和毒性气体。

### 1. 易燃气体

易燃气体指的是在 20℃ 和标准大气压条件下，与空气混合的爆炸下限不超过 13%，或与空气混合的可燃的浓度范围不小于 12% 的气体。

这类气体泄漏时，遇明火、高温或光照，会发生燃烧或爆炸。其燃烧或爆炸后的生成物可能对人体具有一定的刺激或毒害作用。可燃是这类气体的根本化学特性。

燃烧需要氧气，空气中占比为 1/5 左右的氧气可以助燃。某种可燃气体与空气混合后，浓度太高或太低都可能使燃烧无法进行。

气体"容易"或"不易"燃烧一般是以燃烧极限来衡量的。可燃气体或可燃液体的蒸气与空气混合后遇火花可引起燃烧或爆炸的浓度范围，被称为该物质的燃烧极限，也称爆炸极限，用可燃物占全部混合物的百分比来表示。混合气体发生燃烧或爆炸的最低浓度被称为燃烧下限，最高浓度被称为燃烧上限，燃烧上限与燃烧下限之差被称为燃烧范围。若记 $X_1$ 为燃烧下限，$X_2$ 为燃烧上限，则燃烧范围是 $X_2-X_1$。浓度在上、下限之间的混合气体被称为爆炸性混合气体。

气体燃烧的浓度范围越大，则其燃烧的可能性越大，即越易燃，也越危险。气体的燃烧下限越低，一旦其泄漏于空气中，则很容易进入燃烧的浓度范围，危险性也越大。综合以上两方面因素，我们用 $H$ 表示危险程度，将燃烧的浓度范围作为分子，燃烧下限作为分母，可得到公式 $H=(X_2-X_1)/X_1$，$H$ 值越大，则表明该气体越危险。

一些主要的可燃气体和可燃液体的蒸气的燃烧极限见表 5-2。

表 5-2 可燃气体和可燃液体的蒸气的燃烧极限表

| 可燃气体 | 燃烧极限 | | 危险度 $H$ |
|---|---|---|---|
| | 下限 $X_1$ | 上限 $X_2$ | |
| 二硫化碳 | 1.3 | 44 | 32.8 |
| 乙炔 | 2.5 | 81 | 31.4 |
| 氢气 | 4.0 | 75 | 17.8 |
| 硫化氢 | 4.3 | 45 | 9.5 |
| 乙烯 | 3.1 | 32 | 9.3 |

续表

| 可燃气体 | 燃烧极限 | | 危险度 $H$ |
|---|---|---|---|
| | 下限 $X_1$ | 上限 $X_2$ | |
| 一氧化碳 | 12.5 | 74 | 4.9 |
| 苯 | 1.2 | 7.8 | 5.5 |
| 丙烷 | 2.2 | 9.5 | 3.3 |
| 丙烯 | 2.4 | 10.3 | 3.3 |
| 乙烷 | 3.0 | 12.5 | 3.2 |
| 乙醇 | 3.3 | 19 | 4.8 |
| 丙酮 | 3.0 | 11 | 2.7 |
| 甲烷 | 5.3 | 14 | 1.6 |
| 氨气 | 15.0 | 28 | 0.9 |

2. 非易燃无毒气体

非易燃无毒气体是指在运输时在20℃时的压力不小于200kPa的气体或经冷冻的液体，包括窒息性气体、氧化性气体和不被列入其他分项的气体。

这类气体泄漏时，遇明火不燃；人吸入体内无毒、无刺激、无腐蚀性。但这类气体并非没有危险性，有些气体在高浓度时同样有窒息作用。必须予以重视的是，有些气体如氧气、压缩空气、一氧化二氮等本身不可燃，但它们有强氧化性，可以帮助燃烧，故被称为助燃气体。助燃气体的实质是气态的氧化剂，其甚至比液态或固态的氧化剂具有更强的氧化性。

3. 毒性气体

毒性气体包括各种已知其毒性或腐蚀性的可危害人类健康的气体，以及急性半数致死浓度 $LC_{50} \leqslant 5000 mL/m^3$ 的毒性或腐蚀性气体。

这类气体泄漏时，对人畜有强烈的毒害、窒息、灼伤、刺激作用，有的还具有易燃性或氧化性。这类气体的毒性指标达到毒害品的有关规定，主要有氯气、氨气、光气、二氧化硫、氨气等。

**四、易燃易爆气体的危险性及常见易燃易爆气体**

(一) 危险性

易燃易爆气体容易受到外界因素的影响而发生性状的变化，可能产生

多种危险。

1. 易燃烧爆炸

易燃易爆气体被灌装在耐压容器中,其容器内部承受着相当大的压力,本身就是一种危险物品。受热、撞击等造成容器内压力的急剧升高,或者容器内壁被腐蚀,或者容器材料疲劳等原因使容器的耐压强度下降,都会引起容器的破裂甚至爆炸。容器爆炸后,紧跟着的往往是易燃易爆气体的化学爆炸或有毒气体的扩散,造成更为严重的后果。此外,浓度处于燃烧浓度范围内的易燃气体遇到火源就会燃烧或爆炸。

2. 扩散性

由于气体的分子间距大,相互作用力小,所以气体非常容易扩散,能自发地充满任何容器。压缩气体和液化气体一旦泄漏而弥散在空气中,比空气轻的气体可以无限制地扩散,易与空气形成爆炸性混合物;比空气重的气体扩散后,往往聚集在地表、沟渠、隧道、厂房死角等处,长时间不散,遇火源就会发生燃烧或爆炸。此外,许多气体的泄漏还可能对人的呼吸系统造成影响,使人窒息死亡。

3. 腐蚀毒害性

一些含氢、硫元素的气体具有腐蚀作用,可导致设备裂缝、漏气。对于这类气体的容器要采取一定的防腐措施,定期检验其耐压强度,以防万一。易燃易爆气体大都具有一定的毒害性,如氯气等。

(二) 常见的气体

1. 氧气（$O_2$）

氧气是无色无味气体,微溶于水,液氧为淡蓝色。氧气的沸点为 $-113℃$,临界温度为 $-118.8℃$,临界压强为 49.7 个标准大气压。氧气的化学性质比较活泼,除了稀有气体、不活泼的金属元素如金、铂、银等,大部分的元素都能与氧气发生反应,这些反应被称为氧化反应,氧化

图 5.3　潜水用氧气瓶

反应产生的化合物（由两种元素构成，其中一种元素为氧元素）被称为氧化物。

氧气是生命生存的基础条件，在缺氧的情况下，人类的头部、肺部和循环系统会出现问题，甚至导致死亡。氧气具有助燃性，它的浓度对自身化学性质有很大的影响。空气中氧气的占比不大（约21%），棉花、酒精等在空气中只能比较平缓地燃烧，氧气占比超过上述比例能使燃烧变得迅猛。在液氧状态下，即使温度在－120℃以下也会引起燃烧。油脂在纯氧中的反应要比在空气中剧烈得多，当高压氧气被喷射在油脂上就时，就会引起燃烧和爆炸，其实质就是油脂与纯氧的反应，所以氧气瓶（包括空瓶）在运输过程中须绝对禁止接触油脂。

2. 氢气（$H_2$）

氢气是密度最小的气体，约为空气的1/14，即在0℃及1个标准大气压下，其密度为$0.089g/m^3$，所以氢气可被用作飞艇、氢气球（如图5.4所示）的填充气体（由于氢气具有可燃性，安全性不高，故飞艇现多用氮气填充）。氢气无色透明，无臭无味，极难溶于水，临界温度为－239.9℃，临界压强为12.8个标准大气压。

图5.4　氢气球

氢气可燃，纯净的氢气在空气中可平静燃烧，火焰为淡蓝色。氢气的燃烧极限的范围极宽，所以它是一种极危险的气体。氢气与空气或氧气混合后，遇明火会发生强烈爆炸。旅客如携带有小孩玩的氢气球等，安检人员应当禁止其将之带上飞机，因为市面上售卖的气球许多是用氢气填充的（比用氮气填充的成本低），如果氢气球上有静电或者遇上烟头、火花等，很容易被引爆，具有很大的危险性。

3. 氯气（$Cl_2$）

氯气，又名液氯，常温下呈黄绿色，是一种有强烈刺激性气味的有毒气体，密度比空气大，可溶于水。氯气的临界温度为143.9℃，临界压强为76.1个标准大气压。常温下只需加6个大气压就可使氯气液化，故氯气总是在液化的状态下被储存、运输，人们习惯称氯气为液氯。

空气中的氯气最高允许浓度为 $1mg/m^3$，超过一定量的氯气被人体吸入后，会发生咽喉、鼻、支气管痉挛，眼睛失明，并导致肺炎、肺气肿、肺出血，严重情况下还会导致死亡。

氯气的相对密度是 2.48，所以氯气泄漏在空气中会沿地面扩散，使地面人员受害。氯气溶于水，常温下 1 体积水可溶解 2.5 体积的氯气，故氯气瓶漏气时，可对之大量浇水，或迅速将之推入水池，或用潮湿的毛巾捂住口鼻，以减轻危害。

氯气性质活泼，有极强的氧化性，例如，钠可以在氯气里剧烈燃烧，产生大量的白烟并放热；铜在足量氯气中可燃烧生成氯化铜。氯气与易燃气体能直接化合，其混合气体遇光照会发生爆炸。氯气与有机物接触也会发生剧烈反应。总而言之，氯气的危险性极大，故被禁止带上飞机。

4. 氨气（$NH_3$）

氨气是一种无色、有刺激性气味的气体，相对密度为 0.5971，临界温度为 132.4℃，临界压强为 111.3 个大气压。在常温下需加 7~8 个大气压即可将氨气液化。氨气极易溶于水，常温下 1 体积的水可以溶解 700 体积的氨气。所以，当液氨瓶漏气时，可以对之大量浇水或将之浸入水中，以暂时减少进入空气的氨气量，以免造成更大的事故。

氨气是有毒气体，对人的皮肤黏膜有刺激及腐蚀作用，高浓度氨气可造成严重后果，如化学性咽喉炎、化学性肺炎等，人体吸入高浓度氨气会出现反射性呼吸停止、心脏停搏。但少量的氨气能刺激人的神经，昏迷的人嗅到氨气可以恢复知觉，所以有时医务人员也用很稀的氨气来急救昏迷的病人。

氨气的水溶液叫作氨水，无色、有刺激性气味，具有部分碱的通性，与酸中和反应产生热，有燃烧、爆炸危险。氨水有一定的腐蚀性，对铜的腐蚀性比较强，对水泥的腐蚀性不大，对木材也有一定腐蚀性。氨水易挥发出氨气，挥发率随温度升高和放

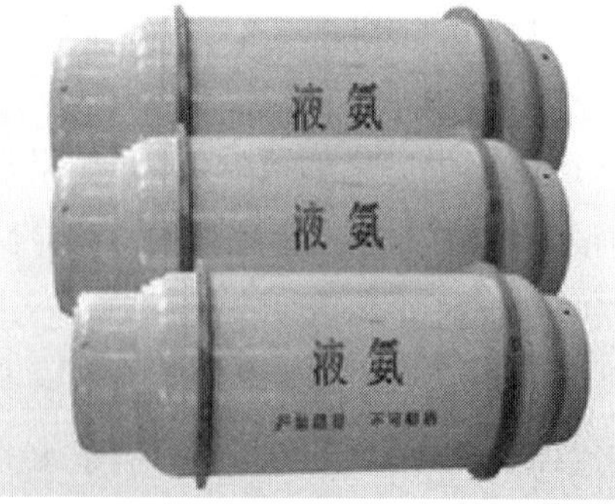

图 5.5　液氨瓶

置时间延长而增大,挥发量随浓度的升高而增加。因此,此类物品也被禁止带上飞机。

5. 乙炔($C_2H_2$)

乙炔俗称电石气,在常温下是一种无色的气体,相对密度0.621。纯乙炔是无臭的,但工业用乙炔由于含有硫化氢、磷化氢等杂质而有一股大蒜的气味。乙炔极易燃烧,也极易爆炸,燃烧极限浓度范围为2.8%~81.0%,因此是一种危险的气体。乙炔在氧气中燃烧时带浓烟,火焰明亮、温度很高(高于3000℃),常被用于气焊和气割。

乙炔与铜、银、汞等重金属或其盐类接触能生成乙炔铜、乙炔银等爆炸性混合物,受到摩擦、冲击时会发生爆炸。因此,凡与乙炔一起使用的器材都不能用银和含铜量70%以上的铜合金制造。乙炔能与氯气和次氯酸盐等化合成乙炔基氯化物,极易发生爆炸。乙炔还能与氢气、氯化氢、硫酸等多种物质发生反应,因而具有较大的危险性,属于危险品,被严禁带上飞机。

乙炔在丙酮溶液中能保持稳定。1体积丙酮在常温下可溶解25体积的乙炔,在12个标准大气压下可溶解300体积乙炔,所以人们经常将丙酮注入乙炔气瓶,然后灌入乙炔,使其溶解于丙酮中,直至在15℃时达到15.5个标准大气压。因所装的乙炔有较大的危险性,且作为溶剂的丙酮又是一种极易燃的液体,同时本身具有一定的内压,因此乙炔气瓶具有

图5.6 乙炔气瓶

极大的危险性。常见的乙炔气瓶的装置有小型的气焊或气割装置。

6. 石油气

石油气是用石油在提炼汽油、煤油、柴油、重油等油品过程中剩下的一种石油尾气,常见的液化石油气主要由丙烷、丙烯、丁烷、丁烯组成,它们都很容易燃烧,可以被用作燃料。这些气体在常温下为气态,储存和运输很不方便;但只要略微加压,它们就会变成液体,这样就可以被装进

钢瓶等容器，便于储存和运输。加压液化的石油气一旦受热就会重新变成气体，使钢瓶内的压力增大，很容易引起爆炸。

石油气的爆炸下限都很低，燃烧浓度范围也不宽，所以从危险程度角度考虑，石油气不是最危险的气体。可是，由于石油气种类多，使用范围广，使用的人也最庞杂，故石油气是给人们带来财富和方便的气体，也是给人们造成麻烦最多、损失最大的气体。

常见的此类违禁品有带有液化石油气燃料钢瓶的野营炉、含烃类气体的卷发器、气体打火机等，被用来给打火机充气的丁烷气罐也可归入此类物品，一旦气体泄漏可能会造成严重的后果。

7. 一氧化碳（CO）

在标准状况下，一氧化碳为无色、无臭、无刺激性但有剧毒的气体，密度为 $1.25kg/m^3$，和标准状况下的空气密度相差很小，极难溶于水，与空气混合后的燃烧极限浓度范围为 12.5%~74.2%。一氧化碳在燃烧时发出蓝色的火焰，放出大量的热，因此它可以作为气体燃料。一氧化碳也是还原剂，高温或加热时能将许多金属氧化物还原成金属单质，因此常被用于金属的冶炼。另外，一氧化碳被人体吸入后，极易与血红蛋白结合，形成碳氧血红蛋白，使血红蛋白丧失携氧的能力，造成组织窒息，严重情况下可能导致死亡。

8. 甲烷（$CH_4$）

甲烷在自然界的分布很广，是最简单的有机物，也是天然气、沼气等的主要成分，俗称瓦斯。它是无色、无臭、无毒气体，微溶于水，易燃，燃点为 537℃，燃烧极限浓度范围为 5.3%~14%。通常情况下，甲烷比较稳定，但与空气混合能形成爆炸性混合物，遇热源和明火有燃烧、爆炸的危险；其与氯气、液氧和其他强氧化剂接触；也会发生剧烈反应。所以在储存甲烷的时候要远离火种、热源。

甲烷对人体基本无毒，但浓度过高时会使空气中氧含量明显降低，可引起头痛、头晕、乏力、注意力不集中、呼吸和心跳加速等，甚至可能导致窒息死亡。

9. 甲醛（HCHO）

甲醛是无色、有刺激性气味的气体，相对密度 1.067，易溶于水和乙醇，浓度为 35%~40% 的甲醛水溶液俗称福尔马林，是有刺激性气味的无色液体，具有防腐、消毒和漂白的功能。甲醛气体易燃，与空气混合形成爆炸性混合物，燃烧极限浓度范围为 7%~73%。

甲醛的主要危害表现为对人的皮肤黏膜的刺激作用，其在室内达到一定浓度时，人就会有不适感。急性大量接触甲醛会导致细胞蛋白质变性，可直接引起流泪、喉部不适、恶心、呕吐、咳嗽、胸闷、哮喘甚至肺气肿等。甲醛是世界卫生组织所列的致癌物质之一，新装修的房间中甲醛含量较高，是众多疾病的主要诱因。

**五、易燃易爆气体的识别和处置**

（一）识别方法

旅客有时会在行李中夹带易燃易爆气体。由于该类违禁物品往往是被装在储气瓶或储气罐内的，而这类储气瓶或储气罐为了能承受一定的压力，其底部一般具有内凹半周的特征，另外还设有气阀。安检员在用 X 射线机检查时，应抓住这些比较明显的特征。

此外，在开包检查时，安检员可以根据该类气瓶或气罐相应的危险性标志来判断。应注意对可能携带易燃气体的人员进行重点检查，如登山者、野营者和徒步旅行者，要仔细检查他们的行李中是否夹带有气体燃料罐或氧气瓶；此外，对化妆品推销员和家电修理人员也需要重点关注。

（二）处置方法

1. 允许旅客限量携带的气体的种类和数量

为了保证航空安全，同时又为旅客的旅途提供方便，我国民航局对旅客携带的日常生活用品类气瓶或气罐的量做了明确的规定。

气溶胶类化妆品（如摩丝）、药品等，以容器容积 100mL 为限，且每件物品限带一件，若超量则必须办理托运，或交给送机亲友带回，也可以由机场暂存。

2. 禁止旅客携带的气体

此类物品包括：①催泪气体的气溶胶或装置；②带有压缩气体或液化气体燃料或钢瓶的野营炉，常见的燃料有丁烷、液化石油气、天然气及煤气等，钢瓶或气罐即使是空的也禁止携带；③潜水用的氧气瓶和冰箱或空

调用的氟利昂钢瓶；④销售人员或从事修理业的人员携带的气体或气体装置；⑤依据2008年4月7日中国民用航空局发布的《关于禁止旅客随身携带打火机、火柴乘坐民航飞机的公告》，旅客不得随身携带打火机和火柴登机，也不得在随身行李和托运行李中夹带打火机和火柴。

安检人员对查获的非生活用品类或来路不明及无法判明其性质的气瓶或气罐应予以扣留。如携带者形迹可疑，可一并予以扣留，并移交公安等有关部门审查。

### 六、典型案例

案例一：2006年8月10日，某机场行检科开机员陆某在托运行李中发现多个类似压力罐的可疑物品，便立即通知开箱员对此行李实施严格的手工开箱检查。经开箱检查发现，该行李中的空气清新剂瓶内所装的并非真正的清新剂，而是液化丁烷气和其他易燃液体。携带者持叙利亚护照，将前往大马士革，其行李内共有压力罐7罐（有喷嘴），每罐容积300mL，后被移交公安处理。

案例二：2006年4月27日，某机场货检科开机员陈某在快件中心UPS仓库执行货物检查任务时，发现一批品名为汽车配件的货物实际为压缩气体钢瓶。该货物属2.2项危险品，共计6瓶14.5kg。陈某立即报告分队带班和科值班领导，后将之移交公安机关处理。

## 任务三  易燃液体

### 一、易燃液体的定义及分类

（一）定义

各类液体、溶液、乳状液或悬浮液，若其满足闭杯试验闪点不高于60℃，或开杯试验闪点不高于65℃的条件，均可被称为易燃液体。闪燃是易燃液体的一个重要特征，闪点是发生闪燃的最低温度，也是衡量易燃液体易燃性的一个重要指标。

（二）分类

易燃液体的主要危险性在于引起燃烧和爆炸。衡量液体易燃易爆危险程度的参数有闪点、沸点、燃点、爆炸极限和蒸气压力等，其中最主要的是闪点和沸点,可根据这两个参数对易燃液体进行分类。

1. 闪点

闪点是衡量液体易燃性的最重要的指标。如果可燃液体温度高于其闪点,随时都有接触火源而被点燃的危险。凡闭杯闪点不高于60℃的液体为易燃液体,其中闭杯闪点低于-18℃的为低闪点易燃液体,高于等于-18℃而低于23℃的为中闪点易燃液体,高于等于23℃而低于60℃的为高闪点易燃液体。

2. 沸点

沸点是指液体沸腾时的温度。此时液体的蒸气压等于大气压。如果此时液体继续受热,越来越多的液体变为气态,其蒸气压也随之上升。所以沸点低的液体很容易汽化,其液面附近的蒸气浓度和蒸气压都较大,易与空气形成爆炸性混合物。因此,在危险品运输中,以35℃的沸点与相应的闪点作为划分易燃液体危险包装等级的界限,见表5-3。

表5-3 联合国易燃液体包装等级表

| 包装等级 | 闪点(℃) | 沸点(℃) |
| --- | --- | --- |
| Ⅰ | / | ≤35℃ |
| Ⅱ | <23℃ | >35℃ |
| Ⅲ | ≥23℃且≤60.5℃ | |

## 二、易燃液体的特性及常见易燃液体

(一)易燃液体的特性

能够被点燃的液体有很多,但它们燃烧的难易程度有很大的差异。例如,在常温下点燃汽油要比点燃菜油容易得多。那么,为什么会存在燃烧难易程度上的差异呢?在弄清这一问题之前,先来了解一下易燃液体的性质。

1. 易挥发性

易燃液体的分子是处在不停的运动之中的,一些能量高的液体分子在运动中会克服液体分子间的吸引力而成为气体,这个过程被称为汽化。如果汽化只发生在液体的表面,可称为蒸发;如果在液体表面和内部同时发生剧烈汽化现象，则是沸腾。在外界压强一定的情况下，在温度达到某一特定值时，沸腾才能发生，液体沸腾时的温度被称为沸点；而蒸发可以在温度低于沸点的情况下进行。同一液体的蒸发的速度受外界温度、液体的表面积的大小、与液体表面接触的空气的流动速度三个因素的影响。在相同的条件下，不同液体的蒸发速度也是不同的。一般来说，沸点较低的液体的蒸发速度较快，即挥发性较大。易燃液体大多是低沸点的液体，在常温下就能不断地挥发，如乙醚、乙醇、丙酮和二硫化碳的挥发性都较大。

2. 易燃性

易燃液体的燃烧是通过其挥发的蒸气与空气形成可燃混合物，达到一定的浓度后遇火源而实现的，实质是液体蒸气与氧气发生的氧化反应。由于易燃液体的沸点都很低，能轻易挥发出易燃的蒸气，且着火所需的能量很小，因此它们都具有高度的易燃性。

闪点越低的液体，其易燃性越大。当液体的温度升高而超过闪点温度，且其挥发的蒸气的量足以维持燃烧时，这一温度就被称为燃点，也称着火点。对同种液体来说，一般燃点比闪点高 1℃~5℃，所以现在世界各国都以闪点为衡量易燃液体危险性的标准。

3. 毒性

绝大多数易燃液体的蒸气具有一定的麻醉性和毒性，可从呼吸道侵入人体，造成危害。例如，苯是有毒的，人吸入后会对人体器官造成一定的伤害；工业上使用的甲醇具有明显的毒性，有不法商贩用掺有甲醇的工业酒精勾兑白酒牟利，导致受害者双目失明甚至死亡。常见的乙醇虽是无毒的，但其在人体内能对人的中枢神经系统起抑制作用，故经常饮酒会造成肝脏的严重损坏。

4. 溶解性

易燃液体在水中的溶解性是一个非常重要的性质。因为易燃液体一旦着火，首先应考虑的问题是最常用的灭火剂——水是否可以灭火，而这个问题与易燃液体在水中的溶解性及其本身的比重有着密切的关系。比重，也称相对密度，液体物质的比重是以水为参考物质的，大部分易燃液体的密度小于水，即比重小于1，如苯的比重为0.88，乙醇的比重为0.79。

如果某种易燃液体易溶于水，则不论比重的大小，在其引发火灾时都可以用水来扑救。这是因为大量的水与该易燃液体混合在一起，既降低了燃烧物的温度，又降低了易燃液体的温度，使之不能继续挥发可燃的蒸气，有效地起到了灭火的作用。某易燃液体如果不溶于水且比重小于1，则会浮在水面上，随着水流动而使火灾蔓延，故此类易燃液体起火造成的火灾禁止用水扑救；如果该液体的比重大于1，则水能覆盖在其上面，使其与空气隔绝，从而达到灭火的效果，这种类型的火灾可考虑用水来扑救。

（二）常见的易燃液体

1. 乙醇（$CH_3CH_2OH$）

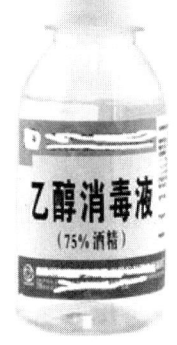

**图 5.7** 乙醇（酒精）

乙醇俗称酒精（如图5.7所示），在常温常压下是一种易燃、易挥发的无色透明液体，密度是 $0.789g/cm^3$，闪点约为 13℃。乙醇能与水、醚、苯类和其他有机溶剂混合。

乙醇的主要危险性在于易燃，遇到高热、明火有燃烧或爆炸的危险。乙醇燃烧时发出蓝色火焰，其蒸气能与空气形成爆炸性混合物，燃烧极限浓度范围为 3.3%～19%。乙醇与氧化剂反应剧烈，有发生燃烧、爆炸的危险。其蒸气比空气重，能在较低处扩散到相当远的地方，遇火源会着火回燃。

正因为酒精的易燃易爆特点，故酒精是不允许被随身携带和托运的，即便是酒类的托运也是有严格限定的。含有酒精的化妆品或者药品也具有一定的危险性，所以对于此类物品的携带也有一定的限制。

另外，酒精还是一种麻醉剂，人体长期受较大剂量酒精作用会使神经系统、肝脏、心血管系统、消化器官等发生严重器质性疾病；一次饮用大量的酒会对中枢神经系统产生先兴奋后抑制作用，重度酒精中毒可抑制呼吸、心跳而导致死亡。

2. 苯（$C_6H_6$）

苯在常温下是一种无色透明、有芳香气味的液体，密度小于水，为 $0.88g/cm^3$。苯难溶于水，易溶于有机溶剂，本身也可被作为有机溶剂。

苯是重要的工业原料，经取代反应、加成反应、氧化反应等生成的一系列化合物可以被作为制取塑料、橡胶、纤维、染料、去污剂、杀虫剂等的原料。

苯的主要危险性在于易燃，遇高热、明火极易引起燃烧或爆炸，其蒸气能与空气形成爆炸性混合物，闪点为 $-11℃$ ，燃烧极限浓度范围为$1.2\%\sim7.8\%$。苯燃烧时，灭火可使用泡沫、干粉、二氧化碳、沙土，用水灭火无效。苯与氧化剂反应剧烈，应特别注意。苯有毒，挥发性强，暴露于空气中很容易扩散，可经呼吸道、消化道和皮肤进入人体，影响神经系统、造血器官、肝和肾，情况严重的可导致死亡。

3. 汽油

汽油（如图 5.8 所示）在常温下为无色或淡黄色的易流动透明液体，主要成分是碳原子数为 $7\sim12$ 的烃类混合物。其难溶于水，比重小于 1，挥发性极强，极易燃烧。汽油蒸气能与空气形成爆炸性混合物，遇明火、高热、强氧化剂有发生燃烧的危险，燃烧极限浓度范围为 $1.4\%\sim7.6\%$ 。

汽油低毒，但人吸入、食入汽油或经皮肤吸收汽油后，对中枢神经系统有麻醉作用，轻度中毒症状有头晕、头痛、恶心、呕吐、步态不稳、供给失调，吸入高浓度蒸气会出现中毒性脑病，吸入极高浓度蒸气会导致意识突然丧失、反射性呼吸停止，可伴有中毒性周围神经病变及化学性肺炎。

图 5.8　汽油

4. 乙醚（$C_4H_{10}O$）

乙醚是一种无色透明液体，有特殊刺激性气味，极易挥发，相对密度 0.71，沸点 34.6℃，闭杯闪点 $-45℃$ ，易燃、低毒。乙醚在医学上可被用作麻醉剂,人若急性大量接触,早期会兴奋,继而出现嗜睡、呕吐、面色苍白、脉缓、体温下降和呼吸不规律等症状,会有生命危险。

5. 二硫化碳（$CS_2$）

二硫化碳是无色或淡黄色的易挥发、易燃液体,纯净的二硫化碳有微弱的芳香味,不纯的工业品因为混有其他硫化物而呈淡黄色,并且有令人不愉快的烂萝卜味,密度为 1.26g/cm³,不溶于水,溶于乙醇和乙醚等多数有机溶剂。

二硫化碳极度易燃,闪点为 -30℃,自燃点 90℃,燃烧极限浓度范围为 1.3%～44.0%,其蒸气即使接触亮着的普通灯泡也可着火。二硫化碳蒸气能与空气形成爆炸性混合物,受热分解会释放出有毒的硫化物烟雾。二硫化碳与铝、锌、钾、氯、叠氮化合物等反应剧烈,有爆炸的危险。二硫化碳受高速冲击、震动、激荡后可因静电放电而引起燃烧或爆炸。

二硫化碳是可伤害神经和血管的毒物。高浓度二硫化碳蒸气有麻醉作用,可使人失去知觉,对人的眼睛、皮肤和呼吸系统有刺激作用；人重度中毒会导致昏迷和丧失意识,伴有抽搐,可因呼吸中枢神经麻痹而死亡。

6. 各类油漆及稀释剂

油漆一般由溶剂、颜料和一些特殊的化学成分组成,大多数油漆易燃,遇明火、高热、氧化剂有燃烧的危险。其蒸气能与空气形成爆炸性混合物,遇明火会引起燃烧；当达到一定温度时,遇火星会引起爆炸。

油漆中含有有毒的有机物质和挥发性溶剂,挥发的蒸气对人体有害,超过一定浓度时,对人体神经有刺激和破坏作用,可导致头痛、恶心、呕吐、疲劳等。

**三、易燃液体的识别和处置**

（一）识别方法

易燃液体类违禁品多被藏匿于行李中。安检人员识别藏匿于行李中的易燃液体,一般是观察行李在 X 射线机中所显示的图像内有没有盛装液体的容器,如有,则应进一步观察其所装的液体的量是否正常。应特别注意该容器内的液体是否过满或过少,即要怀疑该容器所装的液体是否为其原本所装的液体。液体在 X 射线机中显示的图像一般都呈橙色，如果图像中出现了有液体特征的物品，就必须通过开包检查来判定该液体是否属易燃液体。此外，新式的液体检查仪也已逐步投入应用，能够快速判别液体的性质（如图 5.9 所示）。

安检人员在开箱包检查中发现盛装有液体的容器时，应对携带者进行询问，如可询问"这里面所装的液体是什么"，并注意旅客的表情是否自然。即便安检人员大致能判断容器内所装的液体的属性，也须这样询问，以防止给不法分子无意中提供顺水推舟的机会。

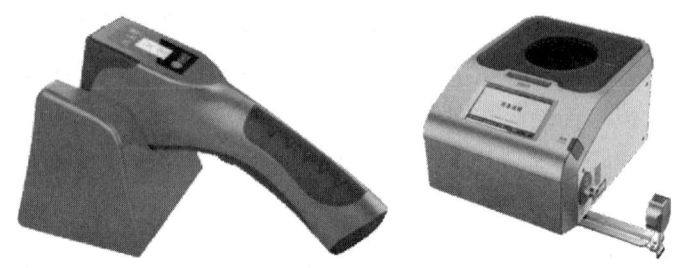

图 5.9  液体检查仪

对于非原封装的液体，可采用闻的方法加以识别。这是因为易燃液体一般具有较强的挥发性，可采用招气入鼻的方法判断其是否具有酒味、汽油味或其他刺激性气味。对于难以启盖的透明容器，可用摇动的方法来识别。一般来说，易燃液体经摇动后，所产生的气泡会迅速地消失，且气泡消失越快，则越易燃。为了进一步判断液体是否是易燃液体，可采用试烧的方法，即用纸条蘸取少量液体试烧，根据燃烧的难易程度来判断。这种方法比较直观，但要注意的是应在空气流通性好或较大的空间内进行，以防发生意外。这种方法一般不予提倡。

（二）处置方法

1. 扣留

安检人员若在安检现场查获旅客在行李中携带的易燃液体，应立即予以扣留，并将旅客交由公安部门审查处理。

2. 限量放行

2008 年 3 月 14 日，中国民用航空总局《关于禁止旅客随身携带液态物品乘国内航班的公告》规定:"一、乘坐国内航班的旅客一律禁止随身携带液态物品,但可办理交运,其包装应符合民航运输有关规定。二、旅客携带少量旅行自用的化妆品,每种化妆品限带一件,其容器容积不得超过100毫升,并应置于独立袋内,接受开瓶检查。"因此,对于化妆品类液体,虽然其含有一定的易燃成分,但出于人性化考虑,可允许旅客限量携带;对于这类物品的超额部分,可以允许暂存或托运。但对于诸如花露水、双飞人药水等物品,由于其酒精浓度过高,应禁止旅客随身携带或托运。

### 四、典型案例

案例一:2006年8月10日,某机场国际科开机员发现一旅客的行李内有疑似医用酒精瓶的物品,便马上控制住该可疑行李,通知开箱员进行开箱检查。开箱员打开行李后,立即闻到了一股强烈的酒精味,后查明该旅客携带了一瓶重量为0.2kg、浓度为75%的医用酒精,由于瓶口松动,一些酒精已经洒在了棉衣上。之后,安检人员对该旅客进行了严格的复查,未发现其他违禁品。后该旅客被移交公安部门处理。

案例二:2006年7月9日,某机场国际科开机员发现一外籍旅客的行李内有一桶装物,便马上控制住该可疑行李,通知开箱员进行开箱检查。开箱员进行了细致的检查后,从行李中取出了一个铁桶,内装液体约5kg。旅客声称该液体是机油,并出示了一份全英文的说明书(具体开具机构不明)。开箱员说明了有关规定后,要求该旅客打开桶配合检查,但该旅客不愿配合。安检人员立即上报带班分队长。在带班分队长的一再要求下,该旅客打开桶接受检查,桶里面装有像石油一样的黑色液体并带有刺激性气味,经试烧后确定为易燃液体。最终该液体被禁止携带。

## 任务四 易燃固体

### 一、易燃固体的定义及分类

(一)定义

在常温下以固态形式存在,燃点较低,遇火源、受热、受撞击、受摩擦,或接触氧化剂以及在其他外界作用下能引起燃烧的物质,被称为易燃固体，如红磷、硫黄、松香、樟脑、镁粉等。易燃固体的燃点越低，其引起燃烧的可能性和危险性越大，燃烧时可能散发出有毒烟雾或有毒气体。易燃固体不包括已被列入爆炸品的物质。

（二）分类

根据着火条件的不同，易燃固体可分成三类。

（1）易燃固体：须由明火点燃的固体物品。

（2）易自燃物品：不须由明火点燃，也不需要外部热源，会自行发热燃烧的物品。

（3）遇水易燃物品：遇水或受潮以后能分解释放出易燃气体的物品。

**二、易燃固体的特性及常见易燃固体**

（一）易燃固体的特性

1. 易燃性

这类物品燃点较低，但自燃点相对较高，在常温条件下须由明火点燃后才能持续燃烧；在高温条件下遇火星即燃，环境温度越高，越容易着火。当外界的温度达到这类物品的燃点时，不需明火就会自燃，此时的自燃是受热自燃。

2. 粉尘有爆炸性

这类物品的粉尘因与外界接触的表面积大，在空气中会形成爆炸性混合物，遇一点火星即可能引起爆炸。

3. 与氧化剂混合能形成爆炸物

不少混合炸药就是把易燃固体与氧化剂按一定的比例混合而成的。易燃固体的还原性普遍较强，在与氧化剂的反应中充当还原剂。有些易燃固体如樟脑会从固态直接升华为气态，升华后的易燃固体蒸气与空气混合后，有引起爆炸的危险。

4. 遇水分解

易燃固体中有不少物品遇水会发生化学反应而被分解，如某些硫的化合物遇水或潮湿空气分解会放出有毒、易燃的硫化氢，氨基化钠遇水会放出有毒及腐蚀性的氨气，等等。

## （二）常见的易燃固体

### 1. 红磷

红磷为红棕色固体（如图5.10所示），相对密度为2.34，熔点为590℃，着火点为240℃，不溶于水和有机溶剂，溶于无水乙醇。其主要危险性在于：受摩擦极易燃烧，与卤素混合能引起燃烧，与大多数氧化剂如氯酸盐、硝酸盐、高氯酸盐或高锰酸盐等可形成爆炸性混合物。红磷本身的毒性不大，但因红磷中多含有少量有毒的黄磷，故须注意。

图5.10　红磷

红磷对人有一定的刺激性，人误服或吸入粉末会中毒；特别是在高温条件下，其易转化为熔融的黄磷和五氧化二磷，能灼伤人的皮肤和眼睛。

### 2. 硫黄

硫黄为淡黄色结晶体或粉末（如图5.11所示），有特殊臭味，相对密度为2.0。硫黄不溶于水，微溶于乙醇、醚，易溶于二硫化碳。

图5.11　硫黄

硫黄能跟氧、氢、卤素（除碘外）、金属等大多数元素化合，生成离子型化合物或共价型化合物。在储运过程中，容易产生静电荷，可导致硫尘起火。硫黄的粉尘或蒸气与空气或氧化剂混合会形成爆炸性混合物。

### 3. 樟脑

众所周知，樟脑可被用于日常生活中的衣物防蛀。天然樟脑为樟科植物樟的枝、干、叶及根部经提炼得到的颗粒状结晶；市场上出售的樟脑大多是使用松节油化学物品作原料合成的（如图

图5.12　樟脑球

5.12所示）。樟脑是易燃固体，容易挥发，所挥发气体能与空气形成爆炸性混合物，遇明火、高热、电火花或与氧化剂接触都有引起火灾和爆炸的危险。

4. 赛璐珞

硝化纤维塑料，又称赛璐珞（如图5.13所示），是塑料的一种，相对密度为1.25，主要被用于制造乒乓球、眼镜架、玩具以及各类装潢物等。它是一种有色或无色透明的片、板、棒状物，性软，富有弹性，不溶于水、苯、甲苯，溶于乙醚、丙酮和各种酯类。

图5.13　赛璐珞

其主要危险性在于遇火种、高温极易燃烧，且燃速很快，与氧化剂接触也会发生剧烈反应，甚至引起燃烧，长时间储存积热不散会自燃。硝化纤维塑料本身无毒，但在燃烧的过程中往往会生成有毒气体，应予以注意。出于运输安全的考虑，国际乒乓球联合会于2014年7月起将制造乒乓球的材料由赛璐珞改为安全环保的聚酯纤维材料。

5. 镁

镁是一种银白色有光泽的活泼金属，易燃易爆，燃烧时会产生高温和耀眼的白光。镁粉在军工业和航天工业等领域中都有广泛应用。在炼钢业及有色金属铸造中，镁粉被用作脱硫剂、净化剂，在稀有金属生产中则被用作还原剂。值得一提的，体操运动员为增大手与器械

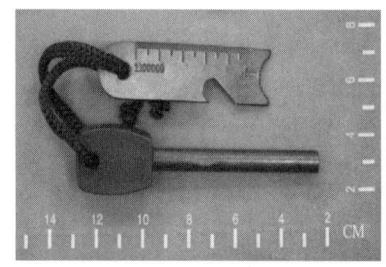

图5.14　镁棒

之间的摩擦力而在手上涂抹白色粉末即镁粉，其主要成分是碳酸镁。

镁棒，又叫阳极棒、打火石，是户外生存常用的取火装备，以镁元素为主，通常有镁条、镁棒、镁块等，无论在什么条件下都能够生火。镁棒也被用于电器防腐（如图5.14所示）。

### 三、易自燃物品的特性及常见易自燃物品

（一）自热自燃现象

自燃可分为两种：一种是物质虽不与明火接触，但须受外界热源加热，使自身温度升到一定值而自燃，即受热自燃，一般的易燃物品，包括固态、液态和气态的物品，都具有受热自燃的特性；另一种是物质不须由明火加热，在一定条件下会自身发热达到一定的温度而自燃，即自热自燃，只有一小部分的易燃物品具有这种特性。

易自燃物品是指自燃点低，在空气中易发生氧化反应，放出热量而自行燃烧的物品。易自燃物品多具有氧化、分解的特性，且燃点较低。这类物质在发生自燃前，一般都经过了缓慢的氧化过程，受外界热源加热或者自身发热，积热使温度升至自燃点时便会自发地着火燃烧。在这个过程中，有些物质不需要外界火源，甚至在无氧条件下也会自燃。

（二）易自燃物品的特性

1. 不需火源就会自行燃烧

这类物品暴露在空气中，与空气中的氧气接触，就会发生氧化反应放出热量。由于反应的速度较快，所放出热量超过散发掉的热量，热量积聚起来，使物品温度升高到一定值时，就会引起自燃。使这类物品与空气隔绝是保障贮运安全的关键。

2. 自燃点较低

可燃物品不需明火而自行起火燃烧的最低温度被称为自燃点。很多物质与空气接触会发生氧化反应，但不会自燃；而易自燃物品会自燃，除了其本身是可燃物品，以及与空气反应较快，造成热量积聚这两个因素外，最主要的原因是其自燃点较低。根据有关科学实验对自燃物质的研究，自燃物质的自燃点一般低于200℃。黄磷的自燃点仅为30℃，即使是在冰天雪地的环境中，黄磷只要暴露在空气中，也很容易自身发热升温到30℃而燃烧。所以，我们一般以自燃点低于200℃作为判断物品是否为易自燃物品的标准。

3. 受潮会增加自燃的危险性

易自燃物品中的油纸、油布等含油脂的纤维制品，在干燥时，由于物

品的间隙大，易于散热，只要注意通风，使其自行缓慢氧化产生的热量不聚积，一般不会自燃。但是，其一旦受潮，产生的热量就会积聚不散，很容易发生自燃。

4. 部分易自燃物品与水反应剧烈

易自燃物品会自动发热，其原因是与空气中的氧气发生反应。易自燃物品贮运中关键的防护措施是隔绝空气。例如，黄磷就多存放在水中。但是，不少易自燃物品如三异丁基铝等，与水会发生剧烈的反应，同时放出易燃气体和热量，易引起燃烧。所以，采取何种措施隔绝易自燃物品与空气，要视具体品种而定。

5. 接触氧化剂容易发生爆炸

易自燃物品的还原性很强，在常温下即能与空气中的氧气发生反应。如果其接触到氧化剂会立即发生剧烈的氧化还原反应，引起爆炸。

(三) 常见的易自燃物品

1. 白磷

白磷是无色或白色半透明固体，在光照下会发生氧化反应，生成新的物质，其表层颜色变黄，因此也叫黄磷，密度为 $1.82g/cm^3$。白磷几乎不溶于水，微溶于氯仿、苯，易溶于二硫化碳，故为了防止其自燃，通常将其贮存在水中（如图 5.15 所示）。

白磷的主要危险性在于接触空气后能自燃并引起爆炸，其在潮湿的空气中的自燃点（约 30℃）低于在干燥空气中的自燃点。白磷能直接与卤素、硫、金属等发生反应，白磷与硝酸发生反应生成磷酸，与氢氧化钠或

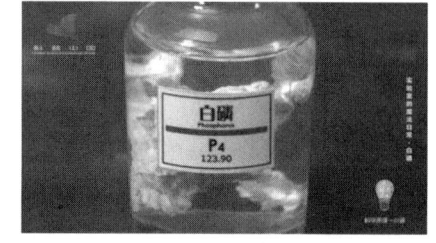

图 5.15 白磷

氢氧化钾发生反应生成磷化氢及次磷酸钠或磷酸钾。白磷与氯酸盐等氧化剂混合易发生爆炸，其碎片和碎屑接触皮肤后会着火，可造成严重的皮肤灼伤。白磷有剧毒，其产生的蒸气能刺激人的眼睛、鼻、喉黏膜及肺部，固体能严重灼伤眼睛与皮肤，且伤口不易愈合，人误服会严重中毒。

根据白磷的特性，相应急措施和消防方法是，消防人员必须穿全身耐酸碱消防服，佩戴空气呼吸器，用雾状水灭火，也可用沙土或泥土覆盖，

至火熄灭和磷固化为止,并用湿沙覆盖,以免复燃。

2. 油浸的麻、棉、纸及其制品

纸、布、油脂都是可燃物,但在通常情况下不被视为易燃品。它们在空气中也会氧化,但过程慢、不聚热,也不会自燃。然而,当纸、布等经浸油处理后,油脂与空气的接触面积增加了许多倍,其氧化放出的热量就增多,而纸、布又有很好的保温作用,使生成的热量难于逸散,时间一长,热量积聚,温度不断升高,达到自燃点就会自燃。

### 四、遇水易燃物品的特性及常见遇水易燃物品

(一)遇水易燃物品的特性

1. 遇水燃烧性

这类物品遇水或受潮时会发生剧烈的化学反应,放出大量的易燃气体和热量,当这些易燃气体达到一定浓度且温度达到一定值时,能立即引起自燃或在明火作用下引起燃烧。其遇到酸类或氧化剂时,发生的反应更为剧烈,危险性也更大。

2. 爆炸性

遇水易燃物品中的碳化钙等物品会与包装中残留在空气中的水汽发生反应生成气体。此气体如不能及时排出,会发生爆炸而胀破外包装,其放出的易燃气体与空气混合达到一定量时,遇明火即有爆炸的危险。

3. 毒害性

某些遇水易燃的物质遇水反应时还能放出毒性很强的气体,接触人体后会立即导致人中毒。

(二)常见的遇水易燃物品

1. 金属钠

钠为银白色金属,暴露在空气中会生成灰白色氧化膜而覆盖在金属的表面。钠的密度为 $0.968g/cm^3$,比水的密度小,常温时质地软,可用小刀切割,在低温(-20℃)时性质脆硬,熔点为 97.81℃,沸点为 882.9℃。

钠的化学性质较为活泼,主要危险性在于它是一种易燃易爆物品。它能与水发生反应生成氢氧化钠,放出氢气与大量的热,容易引起燃烧和爆

图 5.16 保存于煤油中的钠

炸；易与氧发生反应，燃烧时发出特殊的黄色火焰；能与卤素、磷、许多氧化物、氧化剂和酸类发生剧烈反应。

金属钠的毒性是基于它能溶解蛋白质，对局部皮肤有刺激和腐蚀作用。钠不溶于苯类和煤油，故为了隔绝空气，钠往往被存放在煤油中，而此种煤油事先必须经过脱水处理（如图 5.16 所示）。

2. 金属钾

钾是银白色有光泽的软质轻金属，密度为 0.862g/cm³，熔点为 63.7℃，沸点为 774℃。它的化学性质极活泼，暴露在空气中，表面会迅速覆盖一层氧化钾和碳酸钾，从而失去金属光泽，因此金属钾应保存在液体石蜡或氩气中以防止氧化。

钾的危险性表现于：其在潮湿的空气中能够自燃，遇水或遇潮会发生强烈反应，放出氢气和大量的热，剧烈燃烧并爆炸使得周围物料飞溅；遇水、二氧化碳都能发生剧烈反应，能与卤素、磷、许多氧化物、氧化剂和酸类发生剧烈反应；金属钾同钠一样，对肌体组织有强烈刺激和腐蚀作用。钾与水反应会生成氢氧化钾，其腐蚀性比氢氧化钠强。

3. 碳化钙

碳化钙是电石的主要成分，是无机化合物，为白色晶体，密度为 2.22g/cm³，熔点约为 2300℃。碳化钙矿石因纯度不同可呈现为黄褐色、灰色或黑色的块状固体（如图 5.17 所示）。

碳化钙干燥时不燃，遇水或湿气能迅速产生高度易燃的乙炔气体，其在空气中达到一定的浓度时，可发生爆炸。同时，

图 5.17 碳化钙

因电石中常含有杂质，与水反应会放出一些有毒气体。碳化钙与水反应时会生成氧化钙和氢氧化钙，这两种物品都呈强碱性，能刺激和腐蚀人的皮

肤及黏膜。

### 五、易燃固体的识别和处置

（一）识别方法

此类违禁品多在行李中被查获，每种物品都有其各自的特征，安检人员如在 X 射线机所显示的图像中发现可疑的试剂瓶等盛装有不明物品时，必须进行开箱检查，以判定其是否为本类违禁品。安检人员应对携带者进行询问，询问时应同时注意旅客的表情是否自然。如果是原封装的固体，可通过该容器的标签或性能说明书来判定，如通过易燃固体的标志或相关描述，以及某些性能指标来判定其是否属本类违禁物品。如果是非原封装的固体，可采用试烧的方法来判定。方法为取少量的固体置于一张纸上，点燃纸的一角，观察火焰的燃烧速度和高度是否有变化。这种方法比较直观，但要在空气流通性好或较大的空间内进行，以防不测，故这种方法一般不予提倡。

（二）处置方法

安检人员对查获的易燃固体一般予以扣留，对故意隐匿此类违禁品的人员应交机场公安部门审查处理。

对于火柴等火种类的易燃固体，2008 年 4 月 7 日，中国民用航空局发布的《关于禁止旅客随身携带打火机、火柴乘坐民航飞机的公告》规定，禁止旅客随身携带或托运此类物品（相关内容将在本书项目十"火种"中有详细介绍）。

### 六、典型案例

案例一：2006 年 3 月 23 日，某机场国内科开机员发现一名男性旅客携带的包中有一玻璃瓶，便马上控制住该可疑行李，通知开箱员进行开箱检查。开箱员进行了细致的检查后，从包里查出一个用黑色不透光纸张严密包装的玻璃瓶，瓶上有标签，标明该物品为有毒易燃固体化学品。开机员便立即将情况报告给带班分队长。分队长立即到场进行处置，对该旅客重新进行严格的安全检查，未发现异常情况。经查，该化学品学名为 4，4'－二氨基二苯甲烷，常温下为固体，具有毒性、易燃性、易挥发性和光解性等化学性质，属有毒易燃危险品。

## 违禁品识别与处置

案例二：2005年5月8日上午，某机场安检站在对准备飞往上海的航班进行安检时，检查员突然发现一男性旅客随身携带的一个纸箱内装有6大瓶香烟油，属违禁物品，按规定做退回处理。为防止该物品被随机托运，旅检人员及时通知行检人员注意该物品，随后果真在该航班的值机通道上发现该物品，行检人员再次要求该旅客做退回处理。令人意料不到的是，该旅客退票并将这些香烟油带回后，用电冰箱速冻了2小时左右，将液态香烟油冷冻成固态，企图蒙混过关。当天中午，该旅客把冒着冷气的固态香烟油带到机场货运仓库办理托运手续，被安检员再次查获。

### 思考与练习

1. 什么是燃烧？燃烧的三个判定条件是什么？
2. 燃烧有哪几种基本类型？
3. 物质燃烧需具备哪些条件？何谓燃烧三角形？有何意义？
4. 易燃气体根据其化学性质可以分为哪几类？每一类分别有哪些常见代表？
5. 衡量易燃液体危险性有哪两个重要参数？
6. 易燃液体有哪些识别方法？
7. 常见的易燃固体、易自燃物品和遇水易燃物品分别有哪些？
8. 针对易燃物品，安检人员有哪些处置方法？

# 项目六　氧化剂和有机过氧化物

## 任务一　氧化剂

### 一、氧化剂的定义

（一）化学中的定义

在氧化还原反应中，获得电子的物质被称作氧化剂；与此相对应，失去电子的物质被称作还原剂。氧化剂在反应中对应元素的化合价降低，其自身发生了还原反应。

（二）违禁物品中的定义

在违禁物品的分类中，也有一类物质被称为氧化剂，其概念与上文提到的概念有所不同。这里氧化剂指的是处于氧化态，具有强氧化性，易分解释放出氧和热量的物质。其化学性质活泼，本身不一定可燃，但容易引起可燃物的燃烧，因此同样具有较大的危险性。

### 二、氧化剂的特性

1. 氧化性或助燃性

氧化剂中往往含有高价态的原子或过氧基。如卤素中的高价态原子都有很强的获得电子能力，过氧基能释放出游离态的氧原子，因此都表现出很强的氧化性。当氧化剂与还原性物质接触时可发生剧烈的放热反应，与松软的粉末状可燃物还能形成爆炸性混合物。这些氧化剂虽然本身不可燃，但在较高温度下可发生分解反应，释放出氧气或其他助燃气体，使其接触的易燃物与有机物更容易着火，引起火灾或爆炸。

### 2. 受热分解性

氧化剂本身性质不稳定，在受到能量冲击（包括明火、撞击、震动、摩擦）时可能发生迅速分解，分解出氧原子并产生大量的气体和热量。若其接触易燃物、有机物，特别是与木炭粉、硫黄粉、淀粉等粉末状可燃物混合时，易发生氧化还原反应，能引起燃烧和爆炸。同属氧化剂类的不同物品，由于氧化性的强弱不同，相互混合后有时也能引起燃烧或爆炸。

### 3. 吸水性

大多数氧化剂具有不同程度的吸水性，吸水后会溶化、流失或变质。有些氧化剂，特别是活泼金属的过氧化物，遇水或吸收空气中的水蒸气和二氧化碳能分解并释放出氧原子，致可燃物质燃爆。如：过氧化钠与水和二氧化碳反应生成氧原子；漂白粉吸水后，不仅能释放出氧原子，还能释放出大量的氯；高锰酸锌吸水后形成的液体接触纸张、棉布等有机物后能立即引起燃烧。

### 4. 毒性和腐蚀性

氧化剂通常还具有一定的腐蚀性，如皮肤不小心沾到过氧化氢会被一定程度腐蚀。有的氧化剂同时还具有毒性，如三氧化铬、过氧化钡、漂白粉，它们既能灼伤皮肤，还能致人中毒。

## 三、氧化剂的分级和常见氧化剂

### （一）氧化剂的分级

根据化学活泼性，氧化剂可分为一级氧化剂和二级氧化剂，其中前者的危险性更大。

#### 1. 一级氧化剂

主要包括：过氧化物类，如过氧化钠、过氧化钾等；高锰酸盐类，如高锰酸钾、高锰酸钠等；其他，如银铝催化剂等。这些物品中，过氧化物类含有过氧基（—O—O—），极不稳定，易释放出具有强氧化性的氧原子；其余物品分别含有高价态的氯、氮、锰等原子，这些原子也都极易获得电子。

2. 二级氧化剂

主要包括：硝酸盐及亚硝酸盐类；溴酸钠、高碘酸等；其他氧化物，如三氧化铬、五氧化二碘等。

（二）常见的氧化剂

1. 过氧化氢（$H_2O_2$）

过氧化氢可与水按任意比例混合，其水溶液俗称双氧水，系无色透明液体，浓度高时略带淡蓝色（如图6.1所示）。20℃时其相对密度为1.13。它在催化剂二氧化锰的作用下会快速分解成水和氧气，分解时释放出的氧气能助燃。过氧化氢与许多无机化合物或杂质接触后也会迅速分解，释放出大量的氧气、热量和水蒸气。

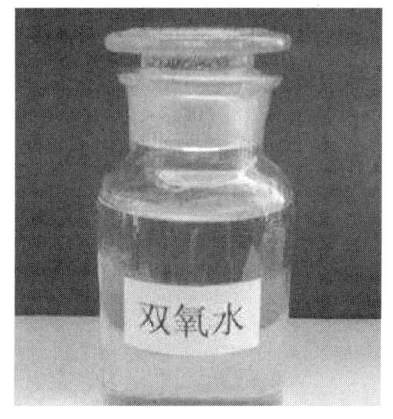

图6.1 过氧化氢（双氧水）

2. 过氧化钠（$NaO_2$）和过氧化钾（$K_2O_2$）

过氧化钠与过氧化钾均为黄白色或黄色粉末，粒状或无固定形状（图6.2所示为过氧化钠）。二者极易吸收空气中的水分和二氧化碳而失效，具有碱金属过氧化物的共性。过氧化钠的相对密度为2.8，熔点为460℃；过氧化钾的相对密度为3.5，熔点为490℃。二者遇水均会发生剧烈反应，释放出氧气和热量，并形成有腐蚀性的碱溶液。它们还能与可燃物、有机物或易氧化物质的混合物形成爆炸性混合物。

图6.2 过氧化钠

3. 高锰酸钾（$KMnO_4$）

高锰酸钾是深紫色、有金属光泽、粒状或针状结晶，溶于水，溶液呈深红色（如图6.3所示），遇乙醇、过氧化氢会分解。其主要危险性在于：

具有强氧化性，遇硫酸、铵盐能发生爆炸；与某些物质（如甘油、乙醇）接触能引起燃烧；遇有机物、还原剂、易燃物等会强烈反应；遇可燃物燃烧能助长火势；人误服会中毒，其能使口腔、咽喉及消化道被迅速腐蚀。

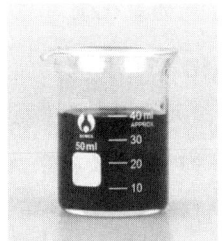

图 6.3　高锰酸钾及其溶液

图 6.4　氯酸钾

4. 氯酸钾（$KClO_3$）

氯酸钾是生产火柴、炸药、焰火、雷管、染料、农药等的原料，还被用作氧化剂、防腐剂，及用于印染、造纸等工业部门。它是无色结晶或白色结晶状粉末，不易潮解（如图 6.4 所示），相对密度 2.32，熔点 368℃。其在碱性溶液中不具有氧化性，在酸性条件下则有强氧化性，溶于水、碱溶液，微溶于乙醇。其主要危险性是具有强氧化性，在常温下稳定，在较低温度下能分解并释放出氧气。其与有机物、易燃物（如磷、硫）或强酸混合时会变得敏感，受热、撞击、摩擦会引起爆炸，周围有金属粉末时，爆炸更加剧烈。

5. 漂白粉

漂白粉是一种有较强氯臭的混合物，为白色或灰白色粉末（如图 6.5 所示）。其主要成分是次氯酸钙 $[Ca(ClO)_2]$。漂白粉的用途非常广泛，主要被用于游泳池、工业循环水、饮用水杀菌，卫生防疫，以及纸浆纱布等的

图 6.5　漂白粉

消毒。

漂白粉溶于水，其水溶液可以使石蕊试纸变蓝，随后逐渐褪色而变白。它遇空气中的二氧化碳可游离出次氯酸，遇稀盐酸则会产生大量的氯气。它很不稳定，吸湿性强，遇高温、水、酸或油脂都会引起燃烧或爆炸，并且遇金属粉末会增加危险性。漂白粉还是助燃剂，会助长周围可燃物的燃烧，引起火灾。此外，漂白粉在燃烧时会散发出有毒的氯气，通过上呼吸道和皮肤黏膜进入人体，从而对人造成毒害。

6. 硝酸钾（$KNO_3$）

硝酸钾俗称硝石，是无色透明结晶，或者是白色颗粒或结晶性粉末，无毒无臭，相对密度 2.1，熔点 334℃，易溶于水、液氨及甘油，不溶于无水乙醇与乙醚。它在农业上应用广泛，亦是黑火药的成分之一。硝酸钾的主要危险性在于：它具有强氧化性，与可燃物接触能助长火势；与还原剂、有机物接触能引起燃烧或爆炸，燃烧时会产生刺激性气体。

7. 硝酸铵（$NH_4NO_3$）

硝酸铵既是一种化肥，又是制造炸药、杀虫剂等的原料，为无臭、透明的易潮解结晶或白色小颗粒，相对密度 1.72。其受热分解时的温度不同则产物也不同。硝酸铵极易溶于水，溶解度随温度升高而增加，溶于水时会大量吸热。其主要危险在于：具有强氧化性，能助长燃烧的火势；与可燃物粉末混合能发生剧烈反应而引发爆炸；受强烈震动也会爆炸。

### 四、氧化剂的识别和处置

（一）识别方法

在检查中如发现可疑化学物品，安检人员一般应采取询问的方式，同时查看有关此类物品的文件、标志加以识别，确认其是否是氧化剂等违禁物品。

（二）处置方法

鉴于氧化剂对于航空运输的危险性极大，故一般被禁止旅客在行李中夹带此类物品。安检人员如发现携带有大量此类物品的形迹可疑的人员，除了扣留其所携带物品外，应将其送交机场公安部门处理。

## 任务二 有机过氧化物

### 一、有机过氧化物的定义

有机过氧化物都是有过氧基（—O—O—）的有机物，很不稳定，容易分解，有很强的氧化性。而且这类物质本身就是可燃物，易燃烧，分解时的生成物为气体，容易引起爆炸。

绝大多数的有机过氧化物为无色或淡黄色的液体，有的为白色粉末状态或结晶状态的固体。它们一般具有弱酸性，多数不溶于水，易溶于一些有机溶剂，是一类不稳定的易燃易爆化合物。

### 二、有机过氧化物的特性

#### （一）氧化性

有机过氧化物可被看作过氧化氢的衍生物，是 H—O—O—H 中的一个或两个氢原子被烷基、酰基、芳基取代后的产物。由于含有过氧基，有机过氧化物有强烈的氧化性，化学性质活泼，受热超过一定温度极易分解。

#### （二）易燃性

有机过氧化物本身是有机物，含有烷基、芳基等易燃的官能团，因此其本身也属于易燃物质，许多这类物质在一定条件下会剧烈燃烧。在运输过程中，应避免阳光直射有机过氧化物，远离各种热源，将其放置在通风良好的地方。

### 三、与无机氧化剂的对比

有机过氧化物往往比无机氧化剂的危险性更大，具体表现在以下方面。

（1）有机过氧化物比无机氧化剂更容易分解。其分解温度一般在150℃以下，有的甚至在常温条件下即可分解。同时，有机过氧化物对杂质很敏感，对摩擦、撞击等外界作用也比无机氧化剂敏感。

（2）有机过氧化物分解产生的氧气往往能引起自身燃烧，燃烧时释放出的热量又可加剧分解，如此循环往复，燃烧时极难扑救；而绝大多数无机氧化剂是不燃物质。

（3）有机过氧化物分解后的产物几乎都是气体或易挥发的物质，再加上自身的易燃性和供氧性，往往会在分解时发生爆炸。

### 四、有机过氧化物的分级及常见有机过氧化物

（一）有机过氧化物的分级

有机过氧化物本身是归属于氧化剂大类中的，由于其还具有可燃性，故人们把其单独划入一个小类。因此，有机过氧化物均属于氧化剂中危险性较高的一级氧化剂。

（二）常见的有机过氧化物

1. 过氧化二苯甲酰

纯净的过氧化二苯甲酰为无色结晶（如图 6.6 所示），有轻微的苯甲醛臭味，不溶于水，微溶于乙醇，溶于苯、氯仿等。干燥的过氧化二苯甲酰的危险性大，所以其通常被制成含 20%或 30%水分的颗粒型水合物，或被制成含有 50%左右的增塑剂或其他稀释剂的各种糊状物，以降低其易燃性和震动敏感性。其主要危险性

图 6.6　过氧化二苯甲酰

在于易燃，遇热、摩擦、震动能引起爆炸。如其分解产生的热若不能迅速充分散发，反应就会加速成剧烈的自动分解或爆炸；摩擦、震动释放出的热量足以引起其剧烈分解；其与强酸、强碱、硫化物、还原剂等接触会发生剧烈反应。

2. 过氧化甲乙酮

过氧化甲乙酮是无色油状液体，不溶于水。其主要危险性在于：在一定温度下会急剧分解，引发爆炸；受震动或受热起爆的敏感性强；遇某些化学品、热源或阳光会分解，剧烈反应时会引起燃烧或爆炸。

## 五、有机过氧化物的识别和处置

由于有机过氧化物化学性质活泼,故其同样被禁止带上飞机。识别与处置有机过氧化物的方法,与前文识别与处置氧化剂的方法基本相同。

**思考与练习**

1. 什么是氧化剂?
2. 氧化剂有哪些特性?
3. 为什么说有机过氧化物比无机氧化剂的危险性更大?
4. 常见的氧化剂有哪些?
5. 安检人员对于查获的氧化剂和有机过氧化物应如何处置?

# 项目七　毒害品和感染性物品

## 任务一　毒害品

### 一、毒害品的定义及形态

（一）毒害品的定义

毒害品是指进入的肌体后,能与肌体的体液或器官组织发生作用,破坏正常的生理功能,引起某些器官和系统的暂时性或永久性病理变化,甚至危及生命的物质。

（二）毒害品的物理形态

毒害品种类繁多,其物理形态也多种多样,固态、液态或气态的毒害品都有可能对人体造成不同程度的伤害,尤其当毒害品以气态、蒸气、雾、烟、粉尘等形态存在时,很可能飘浮于空气中,经呼吸道进入人体,导致中毒。

（1）气态毒害品,指在常温、常压下呈气态的物质,如氯气、氰化氢、硫化氢、氨气等。

（2）蒸气形态毒害品,是指有毒液体蒸发或有毒固体升华时形成的有毒蒸气。凡是沸点低、蒸汽压力大的物质（如有机溶剂）,都容易形成蒸气,散发到空气中造成危害。

（3）雾形态毒害品,是指悬浮在空气中的液滴,如硝酸、盐酸、硫酸等散发出来的酸雾,都具有相当大的毒性。

（4）烟形态毒害品,是指飘浮于空气中的固体微粒,其直径一般小于 $0.1\mu m$。有机物被加热或燃烧时会产生有毒的烟,如农药、熏蒸剂燃烧时所产生的烟。

（5）粉尘形态毒害品，是指能较长时间飘浮于空气中的固体微粒，其粒子直径为0.1～10μm。人体若吸入有毒粉尘，同样会对身体造成极大危害。

**二、中毒途径与毒性大小**

（一）中毒途径

毒害品对人或动物产生作用的先决条件是侵入体内。人或动物中毒的主要途径是呼吸道、皮肤和消化道。

1. 呼吸道

整个呼吸道都能吸收毒物，部位越深，表面积越大，毒物停留时间越长，吸收量也就越大。肺泡的面积很大，空气在肺泡内流速慢、接触时间长，肺泡壁很薄且肺泡上有丰富的毛细血管，所以肺泡对毒物的吸收最为迅速。有毒气体、蒸气以及5μm以下的尘埃能直接到达肺泡，后进入血液循环而扩散至全身造成中毒，人吸入越多则中毒越厉害。呼吸道吸收毒害品的速度，取决于毒物的理化性质、在空气中的浓度、在水中的溶解度等，也取决于中毒个体的肺通气量及心血输出量等因素。

2. 皮肤

有许多毒害品能被皮肤吸收而直接进入血液循环。毒物经皮肤吸收大致有表皮、毛囊、汗腺这几个途径。由于表皮角质层下的表皮细胞膜富有固醇磷脂，故对于非脂溶性物质具有屏障作用。脂溶性物质虽能通过此屏障，但还需具有水溶性才能进一步扩散，否则也不易被血液吸收，因此只有与水、脂都相溶的物质才易被皮肤吸收。毒害品被皮肤吸收的量和速度，除与毒物本身的脂溶性、水溶性和浓度等有关外，还与皮肤的温度、具体部位等有关。当皮肤有损伤或有病变时，其屏障功能被损坏，就会大大促进对毒物的吸收。

3. 消化道

对于航空运输来说，毒物经消化道进入人体的情况可能性最大的是被吸入呼吸道中的毒物随唾液被咽下而进入消化道。消化道的酸碱度和消化酶的分布是影响毒物吸收的重要因素。毒物经消化道被吸收主要的部位是小肠，因为小肠有着较大的吸收面积和丰富的酶系统，可使与毒物结合的蛋白质或脂肪分解，从而释放出游离的毒物而使毒物更易被吸收。经消化道被吸收的毒物一般须经过肝脏的转化，才进入血液循环。

(二) 毒性大小的量度

毒害品虽对人体有毒害作用，但如果进入人体内的毒物剂量不足，则不会引起中毒。毒性反映了毒物的摄入量与效应之间的关系，不同毒害品的毒性大小有很大差异。通常认为，动物致死所需某毒害品的摄入量（或浓度）越小，则该毒害品的毒性越大。对某毒害品的毒性测定，一般是用动物（如小白鼠、家兔等）进行的。最常用的毒性量度指标是 $LD_{50}$ 和 $LC_{50}$。毒害品的急性毒性可按 $LD_{50}$ 或 $LC_{50}$ 的大小分为五级：剧毒、高毒、中毒、低毒和微毒。

1. 致死中量

致死中量也称半数致死量，是使一群试验动物的死亡率达到 50% 时的每千克体重的毒物用量。其表达方式通常为有毒物质的质量和试验动物的体重之比，即每千克的动物摄入该毒物的毫克数，单位为 mg/kg。虽然毒性不一定和动物体重完全成正比，但这种表达方式仍有助于人们比较不同物质的相对毒性。例如，某毒物对人的致死情况与白鼠相同，则使体重为 $m$ 的某人死亡的可能性达 50% 的毒物摄入量即为 $LD_{50} \times m$。

致死中量分为口服 $LD_{50}$ 和皮试 $LD_{50}$，这里需说明的是，同一种毒害品的这两个指标值是不同的，而且也难以简单就谁大谁小下结论，皆须通过试验确定。

2. 半数致死浓度

半数致死浓度用符号 $LC_{50}$ 表示，用于衡量经呼吸道途径中毒时的毒性大小，其含义是一群试验动物与毒物呼吸接触一定时间后有 50% 死亡时该物质在空气中的浓度。对于气态毒害品，单位通常用 $mL/m^3$（ppm），1ppm 表示一百万分之一；对于粉尘毒物，则用每立方米空间含有该毒害品的毫克数表示，单位为 $mg/m^3$。

3. 其他

除了以上两个最重要的参数之外，衡量毒性大小的指标还有绝对致死

量 $LD_{100}$、最低致死量 LDL0、最低中毒量 TDL0、最低中毒浓度 TCL0 等。

（三）毒性大小的影响因素

决定毒害品毒性大小的根本因素是毒害品本身的化学组成和结构。但是毒害品的物理形态及特性也对其毒性有着很大的影响，大致体现在以下四个方面。

（1）毒害品在水中的溶解度越大，其毒性也越大。例如，三氧化二砷的溶解度比三硫化二砷的溶解度要大许多，故前者的毒性也比后者大得多。

（2）毒害品的颗粒越小，越易引起中毒。这是由于颗粒越小，越易进入呼吸道而被吸收。例如，同种农药，一般情况下乳剂的毒性大于粉剂，粉剂的毒性大于颗粒剂。

（3）毒害品越易溶于脂肪，则越易通过皮肤引起中毒。如苯胺、硝基苯等脂溶性毒物很容易通过皮肤引起中毒。

（4）毒害品的沸点越低，越易引起中毒。因为毒害品沸点越低，就越易挥发成蒸气，增加其在空气中的浓度，从而引起中毒。同理，气温越高，毒害品的挥发性越强，同时还会增大毒害品的溶解度，加快人的呼吸频率，从而增加毒物进入人体的可能性。

三、毒害品的分级、特性及常见物毒害品

（一）毒害品的分级

根据毒害品的定义，属于毒害品的物品种类繁多。按基本的化学组成，毒害品可分为有机毒害品和无机毒害品两大类。

对于民航运输来说，并非所有的毒害品都属于违禁物品，只有那些具有较强的毒性，可能造成人与动物中毒或污染环境的毒物才被列为毒害品，其具体的分级见表 7-1。

表 7-1　毒害品的分级标准表

| 包装等级 | 口服毒性 $LD_{50}$ (mg/kg) | 皮肤接触毒性 $LD_{50}$ (mg/kg) | 吸入尘雾毒性 $LC_{50}$ (mg/m³) |
| --- | --- | --- | --- |
| Ⅰ | ≤5 | ≤50 | ≤0.2 |
| Ⅱ | >5 且≤50 | >50 且≤200 | >0.2 且≤2 |
| Ⅲ | >50 且≤300 | >200 且≤1000 | >2 且≤4 |

（二）毒害品的特性

1. 毒性

毒性是毒害品最主要的性质，当毒害品由各种途径进入人体后，均有可能扰乱或破坏机体的正常生理功能，引起病变甚至危及生命。其衡量标准主要是前文提到的 $LD_{50}$ 和 $LC_{50}$。

2. 可燃性

许多有机毒害品遇明火、高热或与氧化剂接触会燃烧或爆炸。毒害品燃烧时，会放出有毒气体，增大危险性。

毒害品中的有机物大多是可燃的，其中还有不少液态毒害品的闭杯闪点低于60℃，达到易燃液体的标准。

3. 腐蚀性

有不少毒害品对人体和金属有较强的腐蚀性，能强烈刺激皮肤和黏膜，甚至导致溃疡，从而加速毒物经皮肤入侵的过程。

（三）常见的毒害品

1. 氰化物与氢氰酸

氰化物是金属或非金属与—CN基团的化合物，一般为块状、晶体或粉末（图7.1为氰化钾固体）其本身为不燃物，与氯酸盐或亚硝酸钠（钾）混合会引起爆炸。其有剧毒，气态及粉状氰化物可被人吸入而致中毒，严重情况下还会致死。非骤死的氰化物中毒者，先会

图 7.1　氰化钾

出现无力、头痛眩晕、恶心呕吐、四肢沉重以及呼吸困难等症状，随后面色苍白，失去知觉，甚至呼吸停止而死亡。

氰化物遇酸生成氰化氢气体的反应式举例如下：

$$KCN + HCl \longrightarrow KCl + HCN \uparrow$$

氢氰酸即氰化氢的水溶液，为无色液体，极易挥发，释放出带有苦杏仁气味的剧毒蒸气。氰化氢毒性强，且容易经由呼吸导致人中毒，重则死亡。氢氰酸相对密度0.69，熔点$-13.2℃$，沸点$25.7℃$，溶液呈弱酸性。氢氰酸蒸气易燃，能与空气形成爆炸混合物，爆炸极限浓度范围为6%～40%。

2. 砷及砷的氧化物

砷属于无机剧毒品，单质砷在自然界中有三种同素异形体广泛存在，分别被称为灰砷、黄砷和黑砷。砷是有金属光泽的结晶块，质脆有毒，不溶于水。人误服或吸入粉尘会中毒。

砷有两种氧化物，分别是三氧化二砷（$As_2O_3$）和五氧化二砷（$As_2O_5$），其对应的酸与对应的盐多数为剧毒品。三氧化二砷俗称砒霜或白砒，为白色粉末（如图7.2所示），是两性氧化物，溶于水，剧毒。人误服会发生咽干、口渴、流涎、持续呕吐并混有血丝、腹泻、粪便中混有血与黏液等症状，并伴有剧烈头痛、四肢痉挛，抢救不及时则会因心力衰竭或尿闭而死亡。一般认为成人的三氧化二砷致死量为70～180mg。

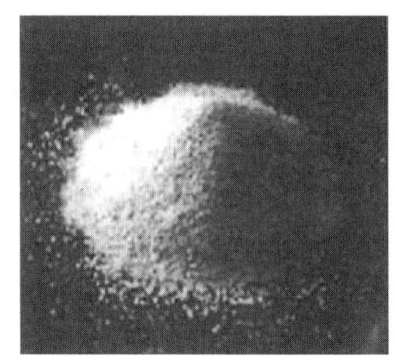

图7.2 三氧化二砷

3. 三氯甲烷（$CHCl_3$）

三氯甲烷俗称氯仿，是无色透明易挥发液体，有特殊的甜味，相对密度1.48，稍溶于水，能与乙醇、乙醚、苯、石油醚等混溶。在光的作用下，其能与空气中的氧气反应生成氯化氢和剧毒的光气。另外，氯仿有很强的麻醉作用，人吸入高浓度氯仿蒸气后，会出现各种不适症状，直至不省人事。当其蒸气浓度达到$120g/m^3$时，人吸入5～10分钟后可致死。

4. 其他

此外，各种农药、灭鼠药等一般均为有机剧毒物品。

### 四、毒害品的识别和处置

（一）识别方法

毒害品多为化学物品，因此检查方法与检查其他化学类违禁品的方法基本类似。安检人员一般需对 X 射线机图像有可疑之处的化学物品进行复查，对于查获的可疑容器，应对携带者进行询问，同时注意被询问者的表情是否自然；另外，还应结合品名和性能标志及相关的证明文件来判别其是否为毒害品。

（二）处置方法

安检人员对于查获的毒害品应予以扣留，并将携带者移交机场公安部门处理。

### 五、典型案例

案例一：2006 年 9 月 21 日，某机场行检科检查员在一旅客托运行李中发现瓶状的可疑物品，便立即通知开箱员对此行李实施严格的手工开箱检查。经开箱检查发现，该行李内有 20 瓶粉末状物品，安检人员便立即上报领导。根据瓶上标签和旅客的自述，该粉末状物品是制作除草剂、杀虫剂的原料，含有毒性并有刺激性气味。最后安检人员将旅客与物品移交公安部门审查处理。

案例二：2005 年 1 月 13 日下午，一位女性旅客来到某机场 5 号安检通道内接受检查，当其随身携带的黑色帆布包经过 X 射线机时，检查员发现图像中有卫生球般大小的颗粒状物质，遂通知另一检查员进行开箱检查。安检人员打开旅客的包后取出一个密封完好、中部有螺旋状凸起物的金属罐，其表面的标签上醒目地印着毒害品的警示标志，并注明品名为磷化铝。安检人员遂将该旅客及物品移交给候机楼派出所处理。据安检人员介绍，磷化铝主要被用于谷仓虫害防治，属于受严格控制使用的化学药品，它吸潮自行分解后会释放出可致人死亡的剧毒气体磷化氢，这种对人体有危害的化学品是被严禁带上飞机的。

## 任务二　感染性物品

### 一、感染性物品的定义及种类

（一）感染性物品的定义

凡含有能使人或动物感染得病的活的微生物或毒素的物品被称为感染性物品。这类致病微生物包括细菌、病毒、立克次氏体、寄生虫、真菌或其他媒介物，能引起病变，甚至导致死亡。人们一般无法给出感染性物品具体的衡量参数，也无法用化学实验确定，通常由卫生防疫部门认定。

（二）感染性物品的种类

1. 各类致病的菌种、毒种

此类细菌、病毒等物质，具有高致病性，一旦发生扩散传播，将引发严重的后果。

2. 培养物

培养物是指出于科学研究或者其他特殊需要在实验室故意被繁殖培养的病原体。

3. 病原标本

病原标本是指出于研究、诊断、调查、疾病治疗和预防的目的，直接从人或动物身上采集的人体或动物体物质，包括血液及其制品、组织和组织液、分泌物、排泄物等。

4. 医疗或临床废弃物

医疗或临床废弃物是指对人或动物进行医疗或生物研究而产生的废弃物。

5. 生物制品

生物制品指的是来源于活生物体的制品。它是根据国家相关部门的要求被生产和销售，用于对人类或动物疾病的预防、治疗和诊断，或者用于与此内容相关的开发、实验或研究，如疫苗。

一般情况下，按照国家政府卫生部门的要求被制造和包装、供个人保健或治疗而使用的生物制品不属于违禁品的范畴，如品名末尾是"菌苗""疫苗""抗菌素""类毒素""血清（不含病料）""血浆"的物品。

## 二、感染性物品的识别和处置

### （一）识别方法

由于感染性物品含有病原体，一旦被带上飞机可能会造成旅客与机组人员的感染，故安检及相关部门对此类物品的检查和拦截是十分必要的。其识别与处置方法与前文的毒害品基本相同：安检人员对可疑物品须进行进一步确认，检查其品名、标志和相关证明文件。

### （二）处置方法

安检人员对于查获的感染性物品应立即扣留，并将物品与携带者送交机场公安部门审查处理。同时，安检人员应注意保护好现场，等待专业人士到现场进行处理。

对于某些不属于违禁物品范畴的生物制品类物品，应予以放行。

## 三、典型案例

2005年4月28日，某机场国际到达厅，值勤的比格检疫犬照例在入境旅客中转来转去，突然它在来自越南的某航班旅客的行李面前蹲了下来，这是它闻到了违禁物品的标准动作。检疫人员立即进行开包查验，从行李中搜出5枚鸡蛋、5枚鸭蛋、5枚鹅蛋和30枚鸭胚。由于截获的是有高感染风险的动物产品，又来自禽流感疫区，现场工作人员快速反应，将截获的应检物严格按程序封样后送往实验室检验，并对旅检现场及时进行了消毒处理。实验室对样品进行处理后发现，大部分鸭胚已死亡，个别胚蛋出现破裂，并且胚蛋表面附有大量粪便、绒毛等污染物。在对胚蛋和表面污染物多点采样并用禽流感病毒通用型荧光RT-PCR方法进行检测后，检疫部门发现除鸡蛋样品检测结果呈阴性外，其他样品检测结果均呈强阳性。经反复检测验证，并送国家禽流感参考实验室做进一步鉴定后，检验检疫部门确定了检测结果：该旅客携带的鸭蛋和鹅蛋带有高致病性H5N1病毒。毒力强劲的H5N1病毒对禽类具有较强的致死性，死亡率可达100%。

**思考与练习**

1. 什么是毒害品？存在于空气中的毒害品有哪些形态？
2. 人体中毒的途径有哪几种？
3. $LD_{50}$ 和 $LC_{50}$ 指的是什么？分别有什么含义？
4. 常见的毒害品有哪些？
5. 感染性物品是什么？它包括哪几类物质？
6. 什么是生物制品？

# 项目八　放射性物品

## 任务一　放射性原理

### 一、原子结构

#### （一）原子

我们都知道，物质是由分子组成的，分子是由原子组成的。因此，在讲放射性物品之前，我们有必要先介绍组成物质的基本粒子——原子的结构。

在原子的中心有一个带正电的核，称为原子核；核外有一些带负电的电子绕着原子核按一定的规律做高速运动。原子核所带的正电荷数等于核外绕行的电子所带的负电荷数，所以整个原子呈电中性。从质量上看，原子的质量几乎都集中在原子核上，核外电子几乎没有质量。

#### （二）原子核的组成

原子核是由一定数目带正电荷的质子和一定数目不带电荷的中子组成的。一个质子带一个单位的正电荷，质量相当于一个原子量；一个中子的质量也相当于一个原子量。因此可以这样认为，一个原子核里的质子数就是核电荷数，有几个质子就带几个单位的正电荷，该数目决定了元素的种类。而质子数和中子数共同决定了原子的质量，两者的和即为该原子的相对原子质量，称为质量数。例如，某原子核内含有8个质子和8个中子，可判断其为8号元素氧，氧原子的相对原子质量为16。

### 二、同位素

对于某一种元素的原子来说，它的质子数是固定的，而质量数可能不同，这是由于其所含有的中子数不同。因此，我们把具有相同的质子数、不同的中子数的同一类元素的原子互称为同位素。

同一种元素的原子有的是稳定的，被称为稳定性同位素；有的不稳定，会自发地放出射线，被称为放射性同位素。随着现代科学技术的发展，人们可以用人工的方法使稳定的同位素变成不稳定的同位素而释放出射线，这类同位素被称为人工放射性同位素。我们常用的放射性同位素绝大部分是人工合成的。

### 三、放射性衰变

#### （一）衰变

一般来说，原子核里的质子数和中子数的比例有一个最恰当范围，在这个范围内原子核是稳定的。如果超出了这个比例，原子核内部的质子和中子则会呈现出不稳定状态，从而发生衰变。所谓衰变，是指放射性物质的原子核由于放出某种粒子而转变为新核的变化。衰变是自发地、连续不断地进行的，并且不受任何外界条件的影响，原子核会一直衰变到处于稳定状态才停止。

#### （二）半衰期

放射性元素原子的衰变并不是所有的原子同时发生，而是每个时刻只有占原子总数一定比例的原子在发生衰变。有的元素衰变快，有的元素衰变慢。为了反映放射性元素衰变的快慢，人们常常采用"半衰期"这个概念。

所谓半衰期就是放射性物质的原子数目因衰变而减少到原来的一半所需的时间。每一种放射性物质的半衰期都是恒定的，而且各种放射性物质的半衰期都不同。如镭-226 的半衰期是 1620 年，磷-32 的半衰期是 14.3 天，碘-131 的半衰期是 8 天，钋-216 的半衰期只有 0.16 秒。半衰期的长短对于辐射防护是十分重要的，半衰期短的放射性物质如果滞留于人体内，过一段时间其放射性会自行减弱直至消失；而半衰期长的放射性物质如果滞留于人体内，其辐射危害就是长期的。

### 四、放射性活度与比活度

**(一) 放射性活度**

放射性活度也称为放射性强度,是量度放射性的一个物理量,反映了某放射性物质放射的强弱程度。人们通常用每秒内某放射性物质发生衰变原子的数目,或每秒内放射出的相应粒子的数目来表示某物质的放射性活度。某放射性物质在每秒内发生的衰变原子的数目越多,即射出的相应粒子数目越多,那么其放射性活度就越大。

放射性活度的单位为贝克或居里。贝克勒尔,简称贝克,符号为 Bq。人们把每秒钟有一个原子衰变定义为 1Bq,即 1Bq=1 衰变/s。居里,符号为 Ci,由于贝克的单位太小,在实际中常用居里这一单位。每秒内 1g 纯镭的放射性活度为 370 亿($3.7×10^{10}$)贝克,人们将该放射性活度定义为 1 居里。因此贝克和居里的单位换算方式为:$1Ci=3.7×10^{10}Bq$。

**(二) 比活度**

单位质量(气体则通常为单位体积)的放射性物质的放射性活度,又称比活度。使用这个指标,可以更确切地反映某种物质的放射性强弱。因此,人们常用比活度的大小来判断某种物品是否属于放射性物品。

## 任务二 放射性物品介绍

### 一、放射性物品的定义及分类

**(一) 放射性物品的定义**

放射性是指能够自原子核内部自行放出穿透力很强而人的感觉器官不能觉察的粒子流(射线)的性质。具有这种性质的元素及其化合物,被称为放射性物品。

放射性物品可能以块状固体、粉末、晶体以及液态和气态等各种物形态存在。这类物品能够自发和连续地发射出电离辐射,对人类健康产生危害。这种辐射不能被人体的任何感觉器官觉察,但能被合适的仪器探测到和测量。

在民航运输中,并非所有具有放射性的物品都被定义为违禁品。例如，带有放射性发光剂的仪器，其放射性活度很小，不会对人体造成危害，就不属于违禁品。关于违禁品中的放射性物品，一般是指放射性比活度大于 $7.4\times10^4\,Bq/kg$ 的物品。

（二）放射性物品的种类

根据状态及特点，放射性物质其可以分为以下六类：

1. 特殊形式放射性物质

特殊形式放射性物质指的是非弥散型固体放射性物质，或装有放射性物质的密封盒，而该容器只有被破坏后才能打开。

2. 低比活度放射性物质

低比活度放射性物质指的是在不考虑周围屏蔽材料的情况下，本身活度有限的放射性物质，或适用估计的平均活度限值的放射性物质。它可分为Ⅰ级、Ⅱ级、Ⅲ级。

3. 表面污染物体

表面污染物体指的是本身没有放射性，但表面散布着放射性物质的固态物体，也可分为Ⅰ级和Ⅱ级。

4. 裂变物质

裂变物质是指铀-233、铀-235、钚-239、钚-241或它们的任意组合物，也包括未经辐照的天然铀和贫化铀，以及仅在热反应堆中被辐照过的天然铀和贫化铀。

5. 低弥散物质

低弥散物质指的是弥散度优先的非粉末状固体放射性物质或被封入密封盒的固体放射性物质。

6. 其他形式放射性物质

指除了上述各类物质以外的放射性物质。

## 二、常见放射性射线的种类和性质

常见的放射性物质放出的射线有α射线、β射线、γ射线及中子流四种。放射性元素或化合物，有的只能放出一种射线，有的则可以同时放出几种射线。如镭的同位素在衰变过程中能放出三种不同的射线。不同射线的性质及对人体的危害程度也是不同的。

1. α衰变与α射线

有些原子量较大的重原子核，由于质子数太多，质子间的静电排斥力较大，结构松散，常常会自动放出由2个质子和2个中子组成的α粒子（氦原子核），带有2个单位正电荷。因此，每发生一次α衰变，新生成的原子与原来的原子相比较，核电荷数减少2个单位，质量数减少4个单位，元素种类也相应发生变化。这就是α射线的来源，这种衰变被称为α衰变。

α射线，又称甲种射线，是放射性物质所放出的α粒子流。例如，铀等放射性元素衰变时会放出α射线。由于α射线是一种带电粒子流，有很强的电离作用，所到之处很容易引起电离，对人体内组织的破坏能力较强。然而α射线因为电离作用很容易损失能量，再加上其本身质量较大，故穿透能力较差，在空气中的射程只有几厘米，衣服、纸张就能挡住α射线。因此，α射线只有进入人体内才会造成伤害，其造成的危害被称为内辐射危害。

2. β衰变与β射线

一般情况下，原子核内的质子数和中子数的比例有一个恰当范围，在此范围内原子核是稳定的。如果原子核里中子数量太多，多余的中子就会自动变为质子，并放出一个电子，也就是β粒子，带1个单位负电荷，这个过程被称为β衰变。新生成的原子相比之前的原子，核电荷数增加1，质量不变，元素种类相应发生变化。

β射线，又称乙种射线。β粒子即电子，β射线其实就是电子流，具有很快的速度。β射线的穿透能力比α射线强，达到一定量就能穿透人体皮肤角质层而使组织受到伤害，其造成的危害被称为外辐射危害。此外，β射线一旦进入人体，同样会引起内辐射危害。不过由于其质量小、速度快、电荷少，与α射线相比，其穿过同样距离造成的损伤更小，故β射线对人体组织的内辐射危害比α射线小。

辐射分为内辐射和外辐射两种。内辐射指的是放射性核素进入生物体，使生物受到来自内部的射线照射；外辐射指的是放射性核素在生物体外，使生物受到来自外部的射线照射。

### 3. γ衰变与γ射线

γ衰变也是放射性元素衰变的一种形式,与原子核能级跃迁有关,衰变时放出γ粒子,不带电。γ粒子属于高能光子。此衰变并不涉及原子质量与电荷的变化。

γ射线,又称丙种射线,是一种波长很短的电磁波,是一种光子流。γ射线有极强的穿透能力,是β射线的50~100倍,是α射线的1万倍,要完全阻挡或吸收γ射线是很困难的。例如,要使钴-60的γ射线减弱为原来的1/10,用以阻隔它的铅的厚度须达5cm,混凝土层的厚度须达20~30cm,泥土层的厚度须达50~60cm。γ射线的外部辐射会破坏人体细胞,导致人体内的正常化学过程受到干扰,严重情况可致细胞死亡。利用这一特点,人们在医学上引入γ射线用于肿瘤治疗领域。γ射线的电离能量弱,不会滞留在人体内,所以γ射线对人体基本上不存在内辐射危害。

### 4. 中子流

中子是一种不带电的粒子,是原子核组成部分。在自然界,中子不单独存在。只有在原子核分裂时,原子核里才释放出中子,或是由中子源释放出中子。

由于中子不带电,不会因电离作用而消耗能量,因而穿透能力很强。当中子通过物质时,会与物质中的原子核碰撞而损失能量,使自身的速度减慢。中子与轻原子核碰撞时损耗的能量多,与重原子核碰撞时损耗的能量少,因此,中子最容易被含有很多氢原子的物质和碳氢化合物吸收,能顺利通过铁、铅等物质。

中子流在人体内的射程较长。人体是一个有机体,含有大量的碳、氢等轻质元素,这正是中子的良好减速剂。中子流在人体内长距离穿透时,撞击碳、氢的原子核而发生核反应,这些反应会在人体内生成丁射线,对人体的危害性极大。所以,中子流对人体的危害,不论是外辐射,还是内辐射,都是极严重的。而且,重质物体挡不住中子流,故中子弹对有生力量杀伤力巨大,却不毁坏建筑物。

表8-1列举了几种常见放射性射线的基本性质。

表 8-1 常见放射性射线的基本性质

| 射线种类 | 基本粒子种类 | 所带电荷情况 | 主要危险性 |
| --- | --- | --- | --- |
| α射线 | 两个质子—两个中子 | 两个单位正电荷 | 内辐射 |
| β射线 | 电子 | 一个单位负电荷 | 内辐射、外辐射 |
| γ射线 | 光子 | 不带电 | 外辐射 |
| 中子流 | 中子 | 不带电 | 内辐射、外辐射 |

### 三、放射性物品的识别和处置

（一）识别方法

安检人员在对旅客行李进行检查时，应注意在 X 射线机图像中显示的特别黑或特别亮的区域。若旅客携带有放射性物品，为了防止其发生泄漏，一般用铅质容器密封包装，故 X 射线无法透过此区域而在图像中形成黑斑。反之，如果放射性物质泄漏，在该区域接收到的射线的强度就会增大，使图像中出现亮斑。

安检人员对于可疑的物品需查问有关人员，并查验有关的标志及证明文件。有条件的安检站可配备放射性强度的检测仪器，用仪器测量物品的放射性强度。

（二）处置方法

安检人员若查获来源不明又无相应证明文件的放射性物品，应予以扣留，将物品及相关人员移交机场公安部门处理。对于有相应的证明文件，又是工农业、国防科研和医疗等部门急需的放射性物品，可让旅客到货运部门办理手续，依据国际危险品运输规则的相应包装要求包装该物品，并将之作为危险货物运输。

### 四、典型案例

2006 年 1 月 17 日，某机场货检科开机员在快件中心某仓库执行货物检查任务时，查到一件品名为塑料制品的货物，发现该货物实际为放射性危险品，且已泄漏。开机员立即按照应急预案处理，及时将此事上报，后将货物移交公安部门处理。

**思考与练习**

1. 原子核是由什么物质构成的？它们的带电情况如何？
2. 同位素是什么？
3. 什么是衰变？什么是半衰期？
4. 放射性活度的单位是哪两个？分别有何含义？
5. 常见的放射性射线有哪几种？它们的粒子构成、带电情况、辐射危害是怎样的？

# 项目九　腐蚀性物品

## 任务一　腐蚀原理

### 一、腐蚀的定义及现象

腐蚀是指材料在环境的作用下产生的破坏或变质现象。腐蚀主要是由于化学或电化学反应而使物质的表面受到破坏，有时还包括机械的、物理的或生物的作用引起的破坏。一般的腐蚀现象在生活中十分常见，如铁在潮湿空气中的生锈。本部分所涉及的主要是会引发强烈腐蚀反应的物品。

很多化学物品能使与之接触的其他物品出现腐蚀现象，其被称为腐蚀性物品。它们若被带上飞机，一旦包装破损，极有可能造成机毁人亡的事故，所以被列为违禁物品。

### 二、腐蚀反应

（一）腐蚀的类型

腐蚀过程中发生的反应称为腐蚀反应，腐蚀包括金属腐蚀、非金属腐蚀、有机物腐蚀三类。

（二）具体的腐蚀反应

腐蚀性物品造成的腐蚀反应大致有如下六种。

1. 置换反应

较活泼的金属与酸能够发生反应，置换出氢气；诸如铝等两性金属还能够与碱发生反应，同样置换出氢气。例如：

$$Fe+H_2SO_4 \longrightarrow FeSO_4+H_2 \uparrow$$

$$2Al + 2NaOH + 2H_2O \longrightarrow 2NaAlO_2 + 3H_2 \uparrow$$

2. 含氧酸氧化金属

浓硫酸、浓硝酸等含氧强酸会对金属起到氧化作用。例如：

$$Cu + 2H_2SO_4（浓）\longrightarrow CuSO_4 + SO_2 \uparrow + 2H_2O$$

3. 脱水腐蚀

某些浓强酸（如浓硫酸）能使有机物脱水而焦化，有机体接触这类酸则会被严重灼伤。因为有机化合物是由碳、氢、氧三种元素组成的，这类有机物遇到浓硫酸时，组成成分里的氢、氧两种元素按照水的组成（3个氢原子和1个氧原子的比例）被浓硫酸吸收掉，这种现象叫做有机物的脱水。有机物脱水后就变成了炭，因为它的组成成分里只剩下碳这一种元素了，这种现象被称为"炭化"或"焦化"。浓硫酸对皮肤的灼伤，首先使有机体脱水，同时迅速释放出热量，如不及时将之除去，则皮肤将变得焦黑，就像被烧焦的树皮那样。

4. 氧化腐蚀

某些酸性物质具有强氧化性，能使有机物被氧化而腐蚀。例如，过量的漂白粉会使衣物、纸张发脆断裂。

5. 强碱破坏人体组织

强碱性物质能与油脂、氨基酸等发生反应而破坏人体组织，使人体受到伤害，如曾有人因误食氢氧化钠而丧命。

6. 磺化、硝化反应

硫酸可使部分物质发生磺化反应，硝酸可使部分物质发生硝化反应。磺化是将磺酸基（—$HSO_3$）引入有机物分子中，硝化是将引入硝基（—$NO_2$）有机物分子中，二者都是化工上的一种工艺，较为复杂，而这些反应都能破坏有机体的结构。

### 三、腐蚀性的衡量标准

（一）腐蚀率

衡量某种化学物质对某种材料的腐蚀性的大小，常以腐蚀率为标准。腐蚀率指的是单位时间内材料表面被腐蚀的厚度（或深度），实质上体现的是腐蚀反应的速度，其计量单位一般用毫米/小时（mm/h）或毫米/年

(mm/a)。

（二）影响因素

决定腐蚀性强弱的最根本因素是物质的本身性质，是影响腐蚀率大小的内因。不同的腐蚀性物品，有着不同的化学结构和分子组成，发生腐蚀反应的速度也有差别。此外，外部的环境因素也会影响腐蚀反应的速度。

1. 浓度

浓度是指单位体积内所含某种物质的量。单位体积溶液中所含的溶质越多，其浓度就越大。腐蚀品的浓度对腐蚀率的影响很大，一般来说，浓度越高，腐蚀率越大，反应速度也越快。

2. 温度

温度对化学反应速度有很大的影响，大多数化学反应的速度都随温度的升高而加快。因为温度升高时，分子具有的能量较大，分子运动变得更加活跃，这样分子碰撞而发生反应的机会也相应增多。同样，对于腐蚀品而言，腐蚀率会随着温度升高而增大。

3. 其他物质的影响

很多化学反应的速度常常因有少量的其他物质加入而加快或减慢，这种能使反应速度改变而本身质量不变的物质叫催化剂。有时当几种同类的腐蚀品混合在一起时，会使腐蚀作用增强很多。例如，由1体积浓硝酸和3体积浓盐酸混合而成的硝基盐酸（俗称王水），其腐蚀性比浓硝酸与浓盐酸更强，甚至能溶解最稳定的金属铂和金。

## 任务二　腐蚀性物品介绍

### 一、腐蚀性物品的定义与分级

（一）腐蚀性物品的定义

在违禁物品中，由于化学反应而能够严重损伤与之接触的生物组织，或发生渗漏能严重损坏其他物品及运输工具的物质，被称为腐蚀性物品。由于腐蚀性物品短时间内即会在所接触的表面发生化学反应或电化学反应，故能引起明显破坏现象。

### （二）腐蚀性物品的分级

为了规范运输管理，需要对腐蚀性物品进行明确的界定。因同样的腐蚀性物品对不同物品的腐蚀程度不一样，故需要统一被腐蚀的衡量物。同时，反应时间也是一个不确定的量，需要明确。

我们把能否对人体造成伤害作为划分腐蚀性物品的依据，以人体的皮肤或黏膜组织的损坏程度（通过动物实验取得）作为衡量腐蚀性强弱的统一标准。我们以与皮肤接触发生坏死现象所需的时间长短为尺度，把腐蚀性物品的危险程度划分为三个包装等级：

1. Ⅰ级包装

使被测物质与完好的动物皮肤接触，接触时间不超过3分钟，观察时间为60分钟，在观察期间皮肤如出现坏死，则定义为Ⅰ级。

2. Ⅱ级包装

使被测物质与完好的动物皮肤接触，接触时间超过3分钟而不超过60分钟，观察时间为14天，在观察期间皮肤如出现坏死，则定义为Ⅱ级。

3. Ⅲ级包装

对于这一等级的腐蚀性物品有：两个衡量指标：①使被测物质与完好的动物皮肤接触，接触时间超过60分钟而不超过4小时，观察时间为14天，在观察期间皮肤如出现坏死；②在温度为55℃时，被测物质在一年之内腐蚀钢或铝的厚度达到6.25毫米以上，则定义为Ⅲ级。

## 二、腐蚀性物品的特性及常见腐蚀性物品

### （一）腐蚀性物品的特性

腐蚀性物品是化学性质非常活泼的物品，能与很多金属、非金属及动植物机体等发生反应。该类物品不仅具有腐蚀性，很多还具有毒性、易燃性或氧化性等一种或数种性质。

1. 腐蚀性

（1）对人体的烧伤。腐蚀性物品与人体接触后，都能形成程度不同的腐蚀，其对人体的伤害被称为化学烧伤（或化学灼伤）。具有腐蚀性的固体、液体和气体物品都会对皮肤或器官的表面（如眼睛、食道等）造成化

学烧伤。

值得注意的是,化学烧伤与物理烧伤有很大的不同。物理烧伤会使人立即感到强烈的刺痛,但停止接触后,伤害就不继续加深;而化学烧伤要经过数分钟、数小时,甚至数日才表现出它的严重伤害,所以常常被人们忽视,其危害性也更大。例如,皮肤接触氢氟酸后,表皮的腐蚀似乎并不严重,但氢氟酸会侵蚀骨骼中的钙而造成严重的后果。此外,腐蚀性物品与皮肤接触后,灼伤逐步加剧,会造成周围组织坏死,而要清除沾在皮肤上腐蚀性物品十分困难。同时,腐蚀性物品还会通过皮肤被吸收,引起全身中毒,较难痊愈。所以,化学烧伤相比物理烧伤,更应引起人们的重视。

固体腐蚀性物品如氢氧化钠等,能烧伤与之直接接触的表皮。液体腐蚀性物品能很快侵害人体的大部分表皮,并能透过衣物发生作用。气体腐蚀性物品虽然不多,但许多液态蒸气和粉末状固体腐蚀性物品的粉尘同样具有强烈的腐蚀性,它们不仅能伤害人体的外部皮肤,尤其会侵害呼吸道和眼睛等。而呼吸道和消化道的表面黏膜比人体表皮更容易被腐蚀,当内部器官被烧伤时,会引起炎症(如肺炎等),严重的情况会导致死亡。有些腐蚀性物品对皮肤的伤害能力很小,但对某些器官却会产生强烈的刺激。例如,稀氨水对皮肤的腐蚀作用很小,但如果溅入眼睛,则可能造成失明。

(2)对物品的腐蚀。腐蚀性物品中的酸、碱甚至盐都能不同程度地腐蚀金属。它们会腐蚀金属的容器、车厢、货舱、机舱及设备等,即使这些金属物品不直接与腐蚀性物品接触,也会因腐蚀性蒸气的作用而锈蚀。

有机物质如木材、布匹、纸张和皮革等也会被酸或碱腐蚀,腐蚀性物品甚至能腐蚀水泥建筑物。洒漏于水泥地上的盐酸,能把光滑的地面腐蚀成麻面;硫酸如未加水稀释而流入下水道,会使水泥制的下水道遭到毁坏;氢氟酸能腐蚀玻璃。

2. 毒性

有很多腐蚀性物品还具有不同程度的毒性,如五溴化磷、偏磷酸、氟硼酸等;还有一些具有挥发性的物品,如发烟硫酸、发烟硝酸、浓盐酸、氢氟酸等,能挥发出有毒的气体,在腐蚀机体的同时,还能引起中毒。

### 3. 易燃性

有机腐蚀性物品一般都具有可燃性,这是所有有机物的共性,是由它们本身的化学构成所决定的。一些挥发性强的有机腐蚀性物品闪点比较低,当温度达到一定值时接触明火会引起燃烧。有些强酸强碱在腐蚀金属的过程中会释放出氢气,当氢气在空气中达到一定的比例时,遇高热、明火即会引起燃烧甚至爆炸。

### 4. 氧化性

腐蚀性物品中的含氧酸大多数是强氧化剂(如硫酸、硝酸),它们在与其他物质发生作用时,会夺得其电子并将其氧化,因此强氧化剂与可燃物接触时,即可引起燃烧甚至爆炸。浓硫酸、浓硝酸可以氧化金属铜,同时释放出有毒的二氧化硫或二氧化氮气体。此外,硝酸若暴露于空气中,在光照条件下会分解产生氧气,方程式如下:

$$4HNO_3 \longrightarrow 4NO_2\uparrow + 2H_2O + O_2\uparrow$$

另一方面,氧化性有时也可以被利用,如浓硫酸和浓硝酸的强氧化性会使铁、铝在冷的浓酸中第一时间被氧化,使其表面生成一层致密的氧化物薄膜,从而可保护金属,这种现象被称为"钝化"。利用这一特点,我们可以用铁制容器盛放浓硫酸,用铝制容器盛放浓硝酸。

## (二)常见的腐蚀性物品

### 1. 硫酸($H_2SO_4$)

硫酸(如图 9.1 所示)是无色无臭透明黏稠的油状液体,具有强腐蚀性。纯硫酸的相对密度为 1.84,沸点为 337℃,能与水以任意比例互溶,同时释放出大量的热量。稀释浓硫酸时,应注意必须将浓硫酸沿器壁缓缓注入水中,否则会使酸液飞溅而造成伤害。

硫酸本身虽然不可燃,但其化学性质非常活泼,有明显的脱水和氧化作用,与可燃物接触会发生剧烈反应。浓硫酸与许多物质,特别是木屑、稻草、纸张等接触会发生剧烈反应,放出高热,并可引起燃烧。浓硫酸腐蚀性强,能严重灼伤眼睛和皮肤,还会使皮肤和组织脱水,脱水后的皮肤组织从成分到外观都与木炭无异。

2. 硝酸（$HNO_3$）

硝酸是无色透明、有独特的窒息性气味的腐蚀性液体。浓硝酸有时因溶有二氧化氮而呈淡黄色，相对密度1.41，熔点－42℃，沸点122℃。硝酸化学性质活泼，能与多种物质发生反应，可腐蚀各种金属和材料。浓硝酸在光线照射或受热情况下会分解释放出二氧化氮，因此应将之盛于棕色瓶中，置于阴暗处避光保存。

浓硝酸是强氧化剂，能与多种物质发生剧烈反应，遇有机物、木屑等还原剂能引起燃烧，严重时会发生爆炸。硝酸挥发的气体中，

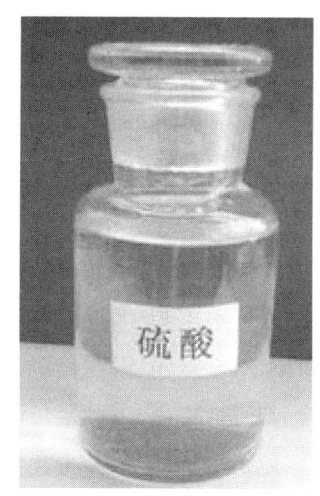

图9.1　硫酸

除其本身外还含有多种剧毒的氮氧化物，对眼睛、呼吸道等的黏膜和皮肤具有强烈刺激性，浓度高时可引起肺水肿。硝酸还能氧化毛发和皮肤的组织成分——蛋白质，使蛋白质转化为一种黄色的复杂物质。所以一旦硝酸溅到皮肤上，皮肤愈合很慢，并会留下很难看的疤痕。

3. 盐酸（HCl）

盐酸（如图9.2所示）是无色至微黄色液体，是氯化氢的水溶液，有强烈的刺鼻气味，具有较强的腐蚀性，工业用途广泛。盐酸可溶于乙醇和乙醚，在常温下易挥发。将盛有浓盐酸的容器打开后，挥发出的氯化氢气体会与空气中的水蒸气结合产生盐酸小液滴，使瓶口上方出现酸雾。

盐酸对大多数金属都有强腐蚀性，反应时释放出的氢气会与空气会形成爆炸性混合物。氯化氢气体或盐酸酸雾刺激性强，能严重刺激眼睛和呼吸道黏膜以及造成腐蚀性灼伤。

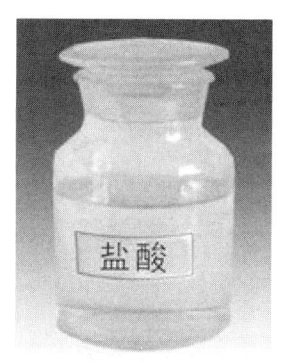

图9.2　盐酸

4. 乙酸（$CH_3COOH$）

乙酸俗称醋酸、冰醋酸，是一种有机一元酸。它是无色透明液体，有强烈的刺激性酸味，相对密度1.05，熔点16.6℃，沸点118℃，溶于水、

乙醇、乙醚、四氯化碳，不溶于二硫化碳。冬季天气严寒时，乙酸因温度低于凝固点而冻结，外观与冰相似，有时会使玻璃容器胀破，故得名冰醋酸（如图9.3所示）。

乙酸的主要危险性在于易燃，其蒸气和空气能形成爆炸性混合物，闪点为40℃，爆炸极限浓度范围为4%～17%。乙酸化学性质活泼。其水溶液呈弱酸性且腐蚀性强，蒸气对眼和鼻有刺激性作用，误服可致上消化道严重溃疡并坏死。生活中常用的食醋的主要成分即为乙酸，但浓度很低。

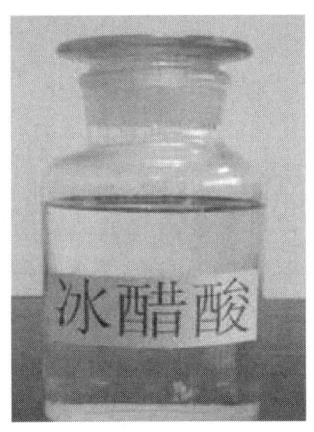

图9.3　乙酸

5. 氢氧化钠（NaOH）

氢氧化钠俗称烧碱、苛性钠，一般为片状或颗粒状，易溶于水形成强碱溶液，吸湿性强，可空气中迅速吸收水分并释放出大量热量，也会吸收二氧化碳，相对密度2.13，熔点318℃，沸点1390℃。

氢氧化钠有强烈刺激性和腐蚀性。其粉尘或烟雾会刺激眼睛和呼吸道，皮肤和眼睛与之直接接触会被灼伤。氢氧化钠的浓溶液能使不溶于水的活体组织成为能溶于水的酸酯钠和醇，所以氢氧化钠溶液能溶解丝、毛和动物组织。人误服氢氧化钠会导致消化道灼伤、黏膜糜烂、出血，严重的情况可致命，须立即服用浓度为1%的醋酸溶液予以中和。图9.4所示为氢氧化钠固体及溶液。

图9.4　氢氧化钠固体及溶液

6. 甲醛（HCHO）

浓度为 35%～40% 的甲醛水溶液俗称福尔马林，是无色、有刺激性气味的液体，具有防腐、消毒和漂白的功能，可被用于固定生物标本、保存尸体等。甲醛能与蛋白质中的氨基发生反应，使蛋白质变性。

图 9.5　甲醛溶液

图 9.6　福尔马林

甲醛溶液主要的危险性在于：容易汽化，释放出甲醛气体，在空气中易燃，能与空气形成爆炸性混合物，遇火种或热源有燃烧的危险；甲醛溶液与皮肤接触会使蛋白质凝固，导致皮肤硬化甚至局部坏死。

### 三、腐蚀性物品的识别和处置

（一）识别方法

鉴于腐蚀性物品的危险性，若其被带上飞机而发生泄漏，很可能对旅客和机组造成伤害，腐蚀飞机甚至酿成机毁人亡的惨剧。因此，安检人员应注意识别此类物品，对查获的可疑化学物品皆须向携带其的旅客进行询问，同时通过品名、性能标志及相关的证明文件来判别其是否为腐蚀性物品。

（二）处置方法

民航局相关规定禁止旅客随身携带及在托运物品中夹带腐蚀性物品。安检人员对于查获的此类物品应予以扣留，并将携带者移交机场公安机关处理。若其确实是为满足工业生产需要而运输的，应按照危险品运输的相关规定进行货运。

### 四、典型案例

案例一：2009 年 3 月 13 日，某机场一男性旅客在办理乘机手续，接

# 违禁品识别与处置

受托运行李的安全检查时,工作人员发现其行李内有许多不明液体。工作人员立即通知旅客进行开包检查,后确定这些液体为 12 瓶石油化工品试剂,经仪器检测,为具有强腐蚀性和易燃的液体。

案例二:2007 年 4 月 13 日,某机场货检科开机员在某仓库执行检查任务时,发现一批品名为"Metal Jacket 1100 涂液"的危险化工品货物,为第八类腐蚀品,具有危险化工品鉴定书复印件,重量为 1.5kg。开机员遂将此事件移交机场公安机关处理。

**思考与练习**

1. 什么是腐蚀?具体的腐蚀反应有哪几种?
2. 腐蚀性的强弱受哪几方面因素影响?
3. 腐蚀性物品通常具有哪些特性?
4. 常见的腐蚀性物品有哪些?各有何危害?

# 项目十　其他违禁物品

## 任务一　火种

### 一、火种的定义及常见代表

火种，即可用来点火的东西。在违禁物品范畴中，火种通常指各类打火机、火柴以及一些新型的点火器、点烟器等。

（一）打火机

打火机是小型手动取火装置，主要被用于吸烟取火及点燃其他易燃材料。打火机的主要部件是发火机构和贮气箱，燃料为石油化学物。发火机构动作时，迸发出火花射向燃气区，将燃气引燃。

现代打火机按使用的燃料可分为液体打火机和气体打火机两种，按发火方式可分为砂轮打火机和电子打火机。

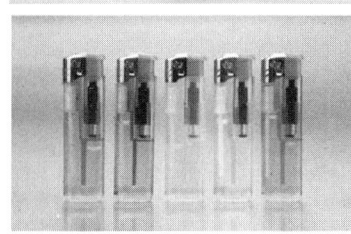

图 10.1　可重复充气打火机与一次性打火机

（二）火柴

日常用的安全火柴是根据物体摩擦生热的原理，利用强氧化剂和还原剂的化学活性而制造出的一种能摩擦发火的取火工具。

火柴棒浸有石蜡作为助燃剂，棒头涂有氯酸钾、硫黄、着色剂等混合物。火柴包装小盒的两侧则涂有赤磷、硫化锑等混合物。用火柴药头在盒侧磷面上摩擦后,即发火燃烧。

以硫黄为还原剂的安全火柴,其危险特性为遇火种、高温、强烈摩擦及撞击会燃烧,大量燃烧时会放出氯化物、二氧化硫的有毒烟雾。

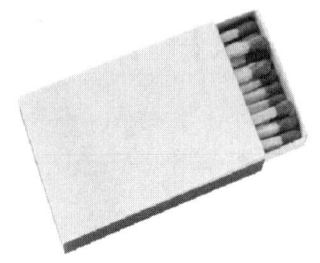

图 10.2　万次火柴与一次性火柴

(三) 电子点烟器

电子点烟器是近年来新出现的一种物品,由内置锂离子电池和发热丝、充电电路、电池保护电路、外壳等组成。它可以通过外接电源给内置锂离子电池充电,靠发热丝将烟等点燃。虽然在用其点烟的过程中无明火,但在飞机上点燃香烟显然存在重大安全隐患。

图 10.3　电子点烟器

二、"禁火令"

民航局关于物品携带的规定会根据安全需要做出调整。最初,旅客在乘坐民航班机时可以少量携带打火机或安全火柴,但随着国际政治形势的变化,民航安全所面临的形势也越来越严峻,在这种情况下,2008 年 4 月 7 日,中国民用航空局发布《关于禁止旅客随身携带打火机、火柴乘坐民航飞机的公告》，从即日起禁止旅客随身携带打火机、火柴乘坐民航飞机，也禁止将之放置于手提行李或托运行李之中。该规定一直延续至今，简称"禁火令"。2015年民航局再次发布公告，重申了这一规定。

### 三、火种的识别和处置

（一）识别方法

对于随身携带的火种类物品，若其含有金属成分则会引起安全门与手探的报警；若是火柴等非金属物质，则需要安检人员通过耐心细致的搜身以发现。对于被放置于行李中的打火机、火柴等物品，安检人员可根据其在X射线机中的图像特征进行判断，若有疑点则应进行开箱包检查。

（二）处置方法

对于查获的火种类物品，安检员应告知旅客相关规定，劝其自动放弃该物品。若旅客不愿舍弃较名贵或有纪念意义的物品，可为其办理暂存手续。如遇故意藏匿、携带火种类物品及扰乱秩序者，应交机场公安机关处理。通常情况下，国内各机场都会在安检通道前设置打火机自弃筐，提醒旅客在安检之前取出打火机；还会将收集来的打火机搬运至到达层出口处，方便旅客取用。

### 四、典型案例

案例一：2015年9月16日，某机场旅检14号通道的安检员发现某旅客在通过安全门时走路姿态异常，遂在人身检查时着重检查了其脚部，发现被藏匿在鞋内的一个打火机。

案例二：2015年11月20日，某机场旅检3号通道的安检员对一名旅客的行李进行检查时发现该物品的图像怪异，遂进行开箱包检查，查获一只新式手表点烟器。

## 任务二　毒品

### 一、毒品的定义及危害

众所周知，毒品会对人的身心健康造成极大的伤害，人们一旦上瘾，则会不可自拔。从目前掌握的情况来看，航空运输已成为贩毒的一种重要方式。尽管就其本身的性质而言，毒品不会对航空安全构成直接的威胁，但旅客携带、运输、买卖毒品都属于严重的犯罪行为。随着全球范围内打击毒品犯罪的声势越来越大，民航安检部门同样义不容辞，有责任、有义务配合公安、海关等部门开展禁毒斗争。

（一）毒品的定义

根据《中华人民共和国刑法》第三百五十七条规定：毒品是指鸦片、海洛因、甲基苯丙胺（冰毒）、吗啡、大麻、可卡因以及国家规定管制的其他能够使人形成瘾癖的麻醉药品和精神药品。

（二）毒品的危害

1. 毒品的属性

从自然属性来讲毒品其实原本是一种药品，这类物质在严格管理下合理使用具有一定的临床治疗价值。不过，从社会属性来讲，如果人出于非正常需要而强行觅求，这类物质对于吸食者而言就失去了药品的本性而成为毒品。

因此，毒品是一个相对的概念，毒品的核心是会使人产生依赖性（或成瘾性）。许多麻醉药品及精神药品如果按国家规定使用，可为人类治病造福；但人若反复服用而产生了对它的依赖性，不仅伤害了自己，还伤害了他人及社会，这时我们就称这些药物为毒品。例如，吗啡具有较强的镇痛作用，临床上被用作镇痛药物；但如果因滥用而形成了对它的依赖，它就变成了毒品。当然，也有些物质因为成瘾性大，早已被排除出药品范围。

2. 毒品的成瘾原理

毒品成瘾往往是生理因素、心理因素与社会因素共同作用的结果。

（1）生理因素。人脑中本来就有一种类吗啡肽物质，维持着人体的正常生理活动。吸毒者吸食了毒品后，外来的类吗啡肽物质进入人体，减少并抑制了人自身类吗啡肽物质的分泌，直至完全停止。最后吸毒者必须靠外界的类吗啡肽物质来维持人体的正常生理活动，一旦停止摄入，人的生理活动会就出现紊乱，出现医学上所谓的"戒断症状"。此时，只有再不断地摄入类吗啡肽物质，才可能解除这些戒断症状，这就是所谓的"上瘾"。

（2）心理因素。研究表明，毒品特殊的药理学特征会让人产生舒适和欣快感，多数成瘾者吸食毒品之初有一种强烈的欣快感，过后则有浑身困乏、难受的感觉，而渴望第二次吸毒，对毒品产生了心理上的依赖，从而成瘾。

（3）社会因素。在某种社会环境中是否容易获得毒品，社会文化背景等对人的影响，以及法律对毒品的态度，等等，都会对毒品成瘾产生一定的作用。

## 二、毒品的分类

毒品种类很多，分类方法也不尽相同。

（1）从来源看，毒品可分为天然毒品、半合成毒品和合成毒品三大类。天然毒品是直接从毒品原植物中提取的毒品，如鸦片；半合成毒品是由天然毒品与化学物质合成而制得，如海洛因；合成毒品是完全有机合成的毒品，如冰毒。

（2）从对人中枢神经的作用看，毒品可分为抑制剂、兴奋剂和致幻剂等。抑制剂能抑制中枢神经系统，具有镇静和放松作用，如鸦片类毒品；兴奋剂能刺激中枢神经系统，使人兴奋，如苯丙胺类毒品；致幻剂能使人产生幻觉，导致自我歪曲和思维分裂，如麦司卡林。

（3）从自然属性看，毒品可分为麻醉药品和精神药品。麻醉药品是指对中枢神经有麻醉作用，连续使用易产生依赖性的药品，如鸦片类毒品；精神药品是指直接作用于中枢神经系统，使人精神兴奋或镇静放松，连续使用能产生依赖性的药品，如苯丙胺类毒品。

（4）从流行的时间看，毒品可分为传统毒品和新型毒品。传统毒品一般指鸦片、海洛因等较早流行的毒品；新型毒品是相对传统毒品而言的，主要指冰毒、摇头丸等人工合成的致幻剂、兴奋剂类毒品，在我国其主要从 20 世纪末、21 世纪初开始流行于歌舞娱乐场所中。

## 三、常见的毒品

### （一）传统毒品

**1. 鸦片**

鸦片又叫阿片，俗称大烟，味苦，是一种棕褐色膏状物，由罂粟植物未完全成熟的果实中流出的白色汁状物凝结而成。生鸦片经过烧煮和发酵可被制成精制鸦片，吸食时有一种强烈的香甜气味。鸦片内含有多种生物碱，吸食者初吸时会感到头晕目眩、恶心或头痛，多次吸食就会上瘾。

图 10.4　鸦片与罂粟壳

**2. 吗啡**

吗啡是从鸦片中分离出来的一种生物碱，为无色或白色结晶粉末（如图 10.5 所示），具有镇痛、催眠、止咳、止泻等作用，人吸食后会产生欣快感，比鸦片更容易成瘾。人长期使用吗啡会引起精神失常、谵妄和幻想，过量使用吗啡会导致呼吸衰竭而死亡。历史上吗啡曾被用作精神药品，但由于其副作用过大，最终被定为毒品。

图 10.5　吗啡

**3. 海洛因**

海洛因的化学名称是二乙酰吗啡，纯品为白色，故俗称白粉（如图 10.6 所示），医学上曾广泛将其用于麻醉、镇痛，但其成瘾快，且极难戒断。长期使用海洛因会

图 10.6　海洛因

破坏人的免疫功能，并导致心、肝、肾等主要脏器的损害，注射海洛因还易传播艾滋病等疾病。历史上海洛因曾被用来戒断吗啡，但由于它成瘾性更强，遂被定为毒品。海洛因是我国目前监控、查禁的最主要的毒品之一。

4. 大麻

图 10.7 大麻毒品与大麻植物

大麻是一种桑科一年生草本植物，用从中提取出的成分制取的大麻类毒品主要包括大麻烟、大麻脂和大麻油，主要活性成分是四氢大麻酚（简称 THC）。大麻对中枢神经系统有抑制、麻醉作用，人吸食后会产生欣快感，有时会出现幻觉和妄想，长期吸食会导致精神障碍、思维迟钝，并破坏人体的免疫系统。尽管大麻的成瘾率相较于其他毒品更低，且在少数西方国家为合法物品，但它在我国始终是被明令禁止并受严厉打击的对象。

5. 可卡因

可卡因是从生长在南美洲的植物古柯的叶中提取的一种生物碱，纯品为白色结晶粉状物（如图 10.8 所示），是强效的中枢神经兴奋剂和局部麻醉剂。它能阻断人体神经传导，产生局部麻醉作用，并可通过增强人体内化学物质的活性刺激大脑皮层，兴奋中枢神经，使人情绪高涨、好动、健谈，有时还有攻击倾向。可卡因具有很强的成瘾性。

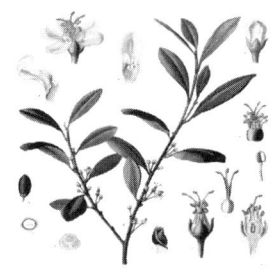

图 10.8 可卡因与古柯植物

## （二）新型毒品

### 1. 冰毒

冰毒学名为甲基苯丙胺，别称甲基安非他命，外观为纯白结晶体，形似冰糖，故而得名（如图10.9所示），对人体中枢神经系统具有极强的刺激作用，且毒性强。冰毒的成瘾性很强，人吸食后会产生强烈的生理兴奋。它会大量消耗人的体力和降低人的免疫能力，严重损害心脏、大脑组织甚至导致死亡；还会造成人的精神障碍，使人出现妄想、错觉，并变得好斗，从而引发暴力行为。

图10.9 冰毒

### 2. 摇头丸

摇头丸是冰毒的衍生物，以MDMA等苯丙胺类兴奋剂为主要成分，具有兴奋和致幻双重作用。因人滥用摇头丸后可出现长时间随音乐剧烈摆动头部的现象，故其被称为摇头丸。摇头丸多为片剂，五颜六色（如图10.10所示）。其成瘾性强。人服用后会使中枢神经极其兴奋，出现摇头和妄动，在致幻作用下常常引发集体淫乱、自残与攻击性行为，并可诱发精神分裂症及急性心脑疾病。

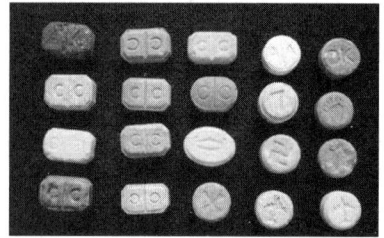

图10.10 摇头丸

### 3. 氯胺酮

氯胺酮俗称K粉，是一种麻醉药，为白色结晶粉末（如图10.11所示），无臭，易溶于水。它通常在娱乐场所被滥用，人服用后遇快节奏音乐便会剧烈扭动。它会导致神经中毒反应、精神分裂症状，使人产生幻听、幻觉、幻视等，对人的记忆力和思维能力造成严重的损害。

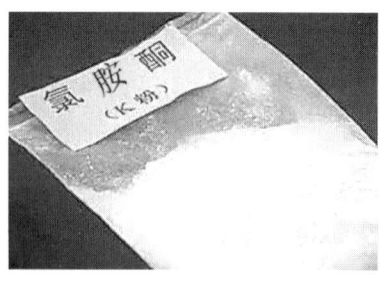

图10.11 氯胺酮

**四、易制毒化学品**

易制毒化学品是指国家规定管制的可被用于制造毒品的前体、原料和化学助剂等的物质。简单来说，它们就是指国家规定管制的可用于制造麻醉药品和精神药品的原料和配剂，既被广泛应用于工农业生产和群众日常生活中，流入非法渠道又可被用于制造毒品。

2012年9月前，我国列管了三类24个易制毒化学品品种，一类主要是用于制造毒品的原料，二类、三类主要是用于制造毒品的配剂。一类易制毒化学品包括：麻黄素、3,4—亚甲基二氧苯基—2—丙酮、1—苯基—2—丙酮、胡椒醛、黄樟素、异黄樟素等。

根据《中华人民共和国禁毒法》的规定，国家对易制毒化学品的生产、经营、购买、运输实行许可制度。对于违反国家规定，非法制造、运输、买卖毒品的原料或者配剂的行为，公安机关均会予以严厉打击。

**五、毒品的识别和处置**

（一）识别方法

藏匿于行李中的毒品或易制毒化学品一般是通过X射线机来识别的。毒品均为有机物，因此在X射线机中图像为橙色。在识别过程中，安检人员如在显示屏中发现呈橙色的可疑袋装粉末状物品或块状固体，应进行开箱包检查，以进一步判定其是否是毒品。

若犯罪分子将毒品藏匿于身上，可通过人身检查的方法将之查获。需要注意的是，由于毒品是非金属物品，安全门和手持金属探测器并不会报警，因此需要安检人员进行更认真细致的检查，注意对可疑人员的有效识别。

（二）处置方法

若安检人员在现场查获毒品，应立即控制携带者，将毒品予以扣留，并将人和物一并交由机场公安机关审查处理。

**六、典型案例**

案例一：2015年2月13日，某机场旅检15号通道的安检员在对某旅客实施安全检查时，检查至重点部位手部时出现报警，通过结合手部摸、按的检查方式,发现该旅客手臂袖管内侧夹杂有不明物质,取出后发现是一个火柴盒,内含用锡纸及纸巾包裹的粉末,经检查该粉末是冰毒和大麻。

案例二:2007年3月16日,某机场安检员在对某旅客进行人身检查时,发现其随身携带的一个香烟盒内有4小包不明物品,打开后可见颗粒状结晶体。安检人员立即对该旅客进行了严格的复检,并移交机场派出所处理。公安人员进一步调查发现,陈某所携带的物品是主要成分为K粉的4种毒品,其本人也是吸毒人员。

## 任务三 常见的其他违禁物品

### 一、其他违禁物品的定义

其他违禁物品是指因在民航运输中具有危险性,或民航运输相关规定及国家法律法规禁止旅客携带的但并没有被归在之前几类物品中的一些物品。

### 二、常见的其他违禁物品

本类物品涉及范围较广,以下列举常见的几种物品。

(一)磁性材料

磁性材料包括永久磁铁以及含有强磁性零部件的设备仪表、光学仪器等物品。其主要危险性在于具有一定的磁场强度,可能会干扰飞行仪表的准确性,从而影响飞行安全。这与飞机起飞前旅客须关闭手机以避免电磁波干扰飞机飞行的原理类似。

(二)石棉

石棉是天然纤维状的硅酸盐类矿物质的总称,由纤维束组成,而纤维束又由很长很细的能彼此分离的纤维组成。石棉具有强耐火性、电绝缘性和绝热性,是重要的防火、绝缘和保温材料。

石棉本身并无害,它最大的危害来自它的粉尘,当这些细小的粉尘被吸入人体内,就会附着并沉积在肺部,从而引起石棉肺、胸膜间皮瘤等疾病,情况严重的可致癌。许多国家已经全面禁止使用这种危险物质,因此该类物品也被禁止带上飞机。

（三）异味物品

这些物品并不会直接威胁飞行安全，不过由于它们会散发出臭味或异味（如榴莲、臭豆腐、腌鱼、腊肉等），可能会引起机组人员及旅客的不愉快或烦躁情绪，从而影响飞行任务的正常执行及飞行安全。

（四）其他违法物品

此类违禁物品包括诸如走私文物、赌具、野生保护动物、反动或淫秽宣传品等违反国家相关法律法规的物品。

### 三、其他违禁物品的识别和处置

对于其他违禁物品，检查方式一般是常规的人身检查、X射线机检查、开箱包检查等。对于查获的该类物品，安检人员可根据实际情况让旅客自行处理。旅客可选择舍弃或让送行亲友带回，也可视情况做暂存处理。而一旦查获的违禁物品涉及违法犯罪，应立即将人和物扣留，并移交机场公安机关处理。

### 四、典型案例

案例一：2006年10月2日，某机场货检科开机员在货站一号库进行货物检查时，发现某货运公司的一批货物伪报品名为马达配件，而实际为磁钢，该物品具有很强的磁性。开机员逐级请示后，将此物品移交机场公安处理。

案例二：2009年3月20日，某安检人员在检查某航班的托运行李时，在一个行李箱中发现了许多导线和电池等物品，经开包检查后，发现整套衣服的夹层、裤腰铁制商标内侧和裤腿中都隐藏着导线和集成电路。安检人员判断这些物品疑似赌博用具。在请示当日值班领导后，安检人员将该旅客及物品移交机场公安机关处理。

案例三：2005年3月25日，一位旅客在某国际机场安检通道接受检查时，其随身携带的手提纸袋散发出阵阵刺鼻的腥臭味。安检员开包检查时发现，袋内装的两条大咸鱼由于尚未完全晒干，又被胶带和报纸紧紧包裹，已有些变质。安检人员遂建议该旅客将咸鱼密封好后办理托运，而该旅客嫌麻烦且怕耽误登机时间，最后放弃了这两条大咸鱼。

## 违禁品识别与处置

**思考与练习**

1. 火种类物品包括哪些?
2. 当前民航局对于火种物品的携带是如何规定的?
3. 什么是毒品?常见的毒品有哪些?
4. 毒品通常分为哪些类别?
5. 对于涉及违法犯罪的违禁物品,安检人员应如何处置?
6. 磁性材料、异味物品等为什么也属于违禁物品?

# 项目十一　限制携带物品

## 任务一　锐器和钝器

### 一、锐器的定义及常见代表

（一）锐器的定义

锐器是指除公安部规定的管制刀具外，带有锋利边缘或锐利尖端，由金属或其他材料制成的，强度足以造成严重人身伤害的器械。

（二）常见的锐器

锐器按其使用特点，一般可分为刺杀锐器和砍劈锐器。按其用途又可分为家庭生活用具、文艺体育表演用品、生产工具和少数民族用具等。

常见的锐器包括菜刀、水果刀、剪刀、美工刀等生活用刀，手术刀、屠宰刀、雕刻刀、刨刀等专业刀具，用于武术文艺表演用的刀、矛、剑、戟等。值得一提的是，一些符合管制刀具认定标准的少数民族刀具，如藏刀、腰刀、靴刀、马刀等，在本民族自治地区内根据实际情况通常被视为锐器，但在非本民族自治地区仍被视为管制刀具。

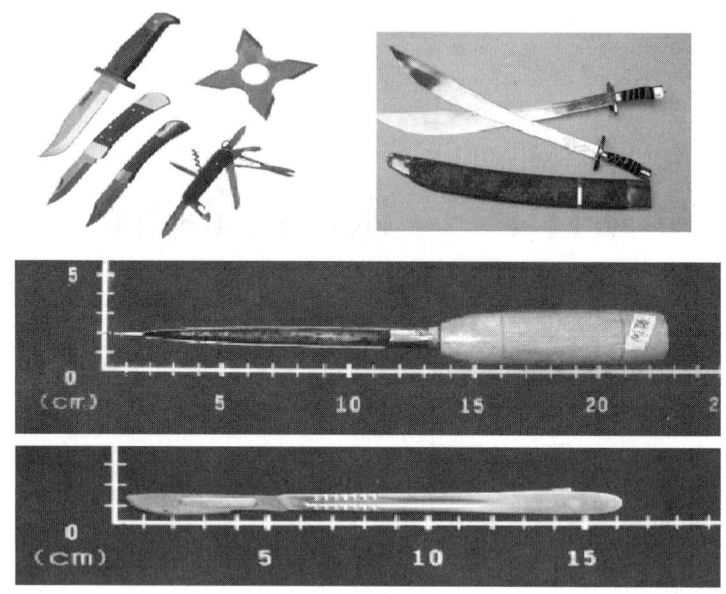

图 11.1 各类锐器

## 二、钝器的定义及常见代表

（一）钝器的定义

钝器是指体积小而密度大，可被用来击打，强度足以造成严重人身伤害的器械。

（二）常见的钝器

常见的钝器包括铁锤、双节棍、健身球、高尔夫球杆、登山杖、指节铜套等物品。

此外，有些物品同时具备锐器和钝器的双重特征，如斧头、带尖刺的流星锤等。

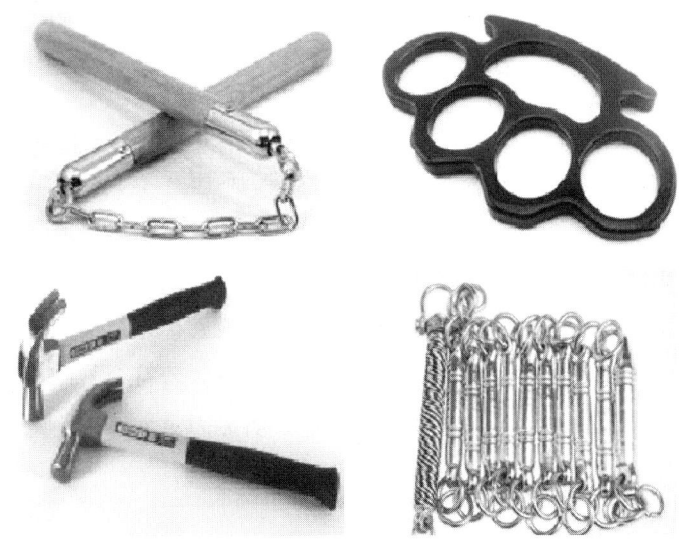

图 11.2　各类钝器

### 三、锐器和钝器的识别和处置

#### （一）识别方法

藏匿于行李中的锐器或钝器一般可以用 X 射线机来识别。当藏匿有锐器的行李通过 X 射线机时，其刀身部分在显示器上的图像往往呈蓝色。菜刀、手术刀、单双面刀片等较薄的锐器的金属密度与管制刀具相比要小得多，所以图像颜色相对较浅。由于摆放角度的不同，所示图像往往有较大的差异。如有可疑之处，必须开包检查，以确定物品是否为锐器。若有钝器藏匿于行李之中，由于其密度较大，在 X 射线机显示器中图像颜色较深，安检人员再结合其形状特征一般不难识别。

如果人身上藏匿有金属制锐器，其在通过安全门时会引发报警，安检员再进一步用手持金属探测器或手工方式来检查，一般是不难发现该物品的。至于钝器，若是金属材质，同样是比较容易被发现的。安检人员需要注意的是一些非金属的钝器，如橡胶警棍或木棍等不会引发报警的物品，这就需要对安检的重点对象进行严格检查。

此外，除了常见的金属刀具以外，也有一些刀具的刀身材质并非金属，如陶瓷刀的主要成分是氧化锆（$ZrO_2$），这也给检查增加了一定的难

度。为了解决陶瓷刀产品的普及所带来的公共安全问题，有的厂家已将金属部件加进陶瓷刀中，使其能够被金属探测器有效检测出。

（二）处置方法

锐器和钝器相较于其他类别的违禁物品，危害并不大，但它们若出现在客舱内，依然可能被犯罪分子利用，对旅客和机组成员造成伤害，给航空安全带来潜在威胁。因此，对于锐器和钝器，应禁止旅客随身携带，但可作为交运行李托运，或让送行的亲友带回，或暂存于机场安检处等。

对于前文提及的藏刀、靴刀等少数民族刀具，若符合管制刀具认定标准，且在非本民族自治地区被发现，则应按管制刀具的有关规定处置，将人和物移交公安机关审查处理。

### 四、典型案例

案例一：2015年9月25日，某机场8号通道的安检员在对旅客进行人身检查时，其随身携带的驾驶证引起手持金属探测器报警。经仔细查验后，安检员发现该旅客将一把手术刀片藏于驾驶证内。

案例二：2014年3月22日，某机场13号通道的安检员注意到有一名旅客过安全门时神色紧张，用手持金属探测器检查其腹部时发出警报，安检员对其仔细检查后查获一小盒物品，内有美工刀4把、美工刀片1盒、刀片1片。

## 任务二 液态物品

关于液态物品，前文涉及的有易燃液体、腐蚀性液体、毒性液体等等。在安检现场，如某液体具备易燃性、腐蚀性、毒性等特性时，必须将之作为违禁物品进行相应处置。而其余液态物品即使不具备明显的危险性，为确保绝对安全，也应按相关规定对其的携带进行一定的限制。

有关液态物品的规定，经历了一个从相对宽松到严格的转变过程。

### 一、"限液令"

自2007年5月1日起，旅客携带液态物品乘机受到严格限制，这是中国民用航空总局为确保航空安全参照国际民航组织的标准采取的最新措施，以下内容在民航行业内部简称为"限液令"。

根据中国民航总局当时发布的公告，乘坐中国国内航班的旅客，每人每次可随身携带总量不超过1L的液态物品（不含酒类），超出部分必须办理交运。液态物品经开瓶检查确认无疑后，方可携带。

乘坐从中国境内机场始发的国际、地区航班的旅客，随身携带的每件液态物品容器容积不能超过100mL，盛放液态物品的容器应置于最大容积不超过1L（建议规格20cm×20cm）、可重新封口的透明塑料袋中。每名旅客每次仅允许携带一个透明塑料袋，超出部分应办理交运。盛装液态物品的透明塑料袋须单独接受安全检查。

来自境外需在中国境内机场转乘国际、地区航班的旅客，携带液态物品也必须遵守上述规定。另外，其携带入境的免税液态物品必须盛放在袋体完好无损、封口的透明塑料袋中，并须出示购物凭证。

公告还指出，在中国境内乘坐民航班机，不得随身携带酒类物品，但可作为托运行李办理交运，酒类物品的包装应符合民航运输有关规定。有婴儿随行的旅客携带的液态乳制品，糖尿病或其他疾病患者必需的液态药品，经安全检查确认无疑后，可适量携带。

二、"禁液令"

2008年3月14日，民航局紧急颁布了《关于禁止旅客随身携带液态物品乘坐国内航班的公告》，对液态物品的携带进行了更加严格的限制，简称"禁液令"。

这些措施包括：乘坐国内航班的旅客一律禁止随身携带液态物品，但可办理交运，其包装应符合民航运输有关规定；旅客携带少量旅行自用的化妆品，每种化妆品限带一件，其容器容积不得超过100mL，并应置于独立袋内，接受开瓶检查；来自境外，需在中国境内机场转乘国内航班的旅客，其携带入境的免税液态物品应置于袋体完好无损且封口的透明塑料袋内，并需出示购物凭证，经安全检查确认无疑后方可携带；有婴儿随行的旅客，购票时可向航空公司申请，由航空公司在机上免费提供液态乳制品；糖尿病患者或其他患者携带必需的液态药品，经安全检查确认无疑后，交由机组保管。

此项规定自2008年3月起一直延续至今，虽给旅客的出行带来了一定的不便，但却实实在在地保证了民航的安全，杜绝了犯罪分子以液体作为危害民航安全的突破口的可能。

另外，酒精饮料类物品也被禁止随身携带，但可作为托运行李办理交运，且有以下限定条件：①标志全面清晰且置于零售包装内，每个容器容积不超过5L；②酒精体积百分含量小于或等于24%，不限制交运数量；③酒精体积百分含量大于24%、小于或等于70%，每人交运数量不应超过5L；其四，酒精体积百分含量大于70%，不能办理托运。

### 三、液态物品的识别与处置

旅客可能置于随身行李中的各种液体在X射线机显示器中的图像通常均呈橙色。当安检人员发现有可疑之处时，应进行开箱检查，根据前文所述的方法判定其是否具有易燃性、腐蚀性、毒性等特征。若是，则按各类违禁物品的处置方法进行处置，扣留物品并交至机场公安机关；若仅是茶水、饮料、奶制品等日常用品，或是超量化妆品，应向旅客耐心解释，劝其办理托运或舍弃。对于酒精类饮料，只可托运，并根据酒精体积百分含量采取相应的限制措施。

特别需要注意的是，一旦化妆品的容器容积超过100mL，即使该化妆品实际净含量不足100mL，同样无法随身携带，必须办理托运。有些机场专门为旅客提供了100mL简易分装瓶，是一种很好的人性化措施，值得推广。

## 任务三 锂电池

### 一、锂电池简介

锂电池，是一类由锂金属或锂合金为正/负极材料、使用非水电解质溶液的电池。由于锂的化学特性非常活泼，使得锂的加工、保存、使用对环境的要求非常高，锂电池长期没有得到很好的应用。但随着科学技术的发展，当前锂电池已经成为人们日常生活中必不可少的物品。

锂电池大致可分为两类：锂金属电池和锂离子电池。锂离子电池不含有金属态的锂，属于二次电池，可以充电而反复使用，被广泛应用于手机、照相机、手提电脑等电子产品中。

## 二、锂电池的危险性

锂电池的主要危险性包括：高度易燃，短路、过充、极限温度、错误操作都能够引起燃烧，燃烧温度可达1200℃，一般灭火剂不能有效控制。

## 三、锂电池的相关规定

根据中华人民共和国民用航空行业标准《锂电池航空运输规范》（MH/T 1020—2009）和《旅客和机组关于携带危险品的航空运输规范》（MH/T 1030—2010）等相关法规文件，旅客携带锂电池乘坐民用航空器应注意如下事项：

（1）携带的锂电池额定能量不允许超过160Wh，超过160Wh的应办理危险货物手续进行运输。

（2）内含锂电池的设备（如手提电脑、照相机、便携式摄像机等），可放置在手提行李中或随身携带，应有防止其意外启动的措施。锂电池的额定能量不应超过100Wh，若随设备锂离子电池额定能量在100Wh至160Wh之间，应经运营人（航空公司）批准。

（3）备用锂电池同样只可放置在随身行李中携带，应做好单个保护以防短路，可将备用电池放置于原厂零售包装中或对电极进行绝缘处理（例如，将暴露的电极用胶布粘住，将电池单独装在塑料袋或保护袋中）。单个锂电池额定能量不应超过100Wh；经运营人（航空公司）批准，可携带额定能量在100Wh至160Wh之间的备用锂电池，但不能超过两块。

（4）对于充电宝等用于电子设备充电的锂电池移动电源的携带，亦参照此标准执行。《关于民航旅客携带"充电宝"乘机规定的公告》中规定，充电宝只能在手提行李中携带或随身携带，严禁在托运行李中携带。额定能量超过100Wh但不超过160Wh的充电宝，经航空公司批准后方可携带，但每名旅客携带数量不得超过两个；严禁携带额定能量超过160Wh的充电宝。

锂电池额定能量的计算方法：

若锂电池上没有直接标注额定能量$E$（单位：Wh），则可按照以下方式进行计算：

如果已知电池的标称电压$U$（单位：V）和标称容量$Q$（单位：Ah），

可以通过公式 $E = U \times Q$ 计算得到额定能量的值。

标称电压和标称容量通常被标记在电池上。若标称容量只有单位毫安时（mAh），应将该数值除以 1000 得到安培小时（Ah）。

例如，锂电池标称电压为 3.7V，标称容量为 760mAh，其额定能量为：

$$3.7V \times 760mAh = 3.7V \times 0.76Ah = 2.812Wh$$

### 四、锂电池的识别与处置

对旅客放置于手提行李与托运行李中的锂电池，经 X 射线机识别出后，安检员应进行开箱包检查，确认锂电池的具体性能参数是否符合要求，并按前文所述的规定进行处置；如无相关标称，则一律不允许携带。需特别注意的是，锂电池因其特殊性，只能置于手提行李中而不能托运，以便在出现紧急情况时能够及时采取措施，避免造成更严重的后果。

### 五、典型案例

案例一：2019 年 9 月 4 日，早上 7 点 16 分，东航 MU2809 航班在南京禄口机场起飞，目的地为厦门。飞机起飞后，一名旅客携带的充电宝起火冒烟并触发客舱烟雾警报，乘务组按程序采取措施将火扑灭。飞机随后返航，并于上午 8 点 24 分正常降落于南京禄口机场。

案例二：2018 年 2 月 25 日，南航 CZ3539 航班从广州白云飞往上海虹桥，在旅客登机过程中，一名旅客携带的行李在行李架内冒烟并出现明火，机组进行了及时处置。事后调查发现，此系该旅客携带的充电宝冒烟并着火，事发时该充电宝未在使用状态。

## 任务四  其他限制携带物品

### 一、常见的限制携带物品

除本部分提到的几类物品外，还有一些限制携带物品。

#### （一）干冰

干冰是固态的二氧化碳，为白色结晶，无色无味。由于干冰的熔点非常低，为 −78.5℃，能够急速冷冻物体和降低温度，因此被广泛应用于食物保鲜领域。干冰的主要危险性在于，在机舱这种封闭的空间中，其可能发生汽化，当空气中的二氧化碳达到一定浓度（3%左右）时会具有窒息性，情况严重的可致人死亡。因此，每个旅客携带的干冰数量不得超过2.5kg。

（二）电动轮椅

电动轮椅作为行动不便人士的代步工具十分常见，但因其含有的蓄电池的内部电解液往往是腐蚀性物质，故也有潜在的危险性。当满足如下条件时，电动轮椅可作为交运行李运输：①电池必须保持断路状态，将两极用胶带包好以防止短路；②在轮椅两侧贴上"向上"标签，避免倒置；③在装卸过程中必须始终保持轮椅直立，并将之固定在机舱内，防止滑动。

（三）活体动物

除特殊情况下盲人需使用导盲犬，其余活体动物不得被带入客舱，但可按规定包装后作为货物托运。海鲜、水产品等也必须包装好后方可托运。

（四）工具及其他特殊物品

生产工具往往也具备锐器或钝器的一些特征，如钻机（含钻头）、凿、锥、锯、钳、焊枪、扳手、冰镐等。某些特殊物品同样能够造成人身伤害或对航空安全和运输秩序造成危害，如飞镖、弹弓、弓箭、蜂鸣自卫器，以及不在国家规定管制范围内的辣椒水喷剂、驱除动物喷剂等。根据规定，以上这些物品一律禁止随身携带，但允许托运。

二、其他限制携带物品的识别与处置

此类物品较多较杂，涉及范围较广，应根据物品不同的特点采取相应的处置方式。

**思考与练习**

1. 什么叫锐器？常见的锐器有哪些？
2. 什么叫钝器？常见的钝器有哪些？
3. 对查获的锐器和钝器应如何处置？

4. 请简要解释一下民航局的"禁液令"。

5. 某充电宝标称电压为5V，标称容量为5200mAh，是否可以随身携带？

6. 干冰是什么？其主要危险性是什么？

## 附录 危险品标志

| 标志号 | 标志名称 | 标志图形 | 类项号 |
|---|---|---|---|
| 标志1 | 爆炸品 | （符号颜色：黑色，底色：橙红色） | 1.1<br>1.2<br>1.3 |
| 标志2 | 爆炸品 | （符号颜色：黑色，底色：橙红色） | 1.4 |
| 标志3 | 爆炸品 | （符号颜色：黑色，底色：橙红色） | 1.5 |

续表

| 标志号 | 标志名称 | 标志图形 | 类项号 |
|---|---|---|---|
| 标志4 | 爆炸品 | （符号颜色：黑色，底色：橙红色） | 1.6 |
| 标志5 | 易燃气体 | （符号颜色：黑色或白色，底色：正红色） | 2.1 |
| 标志6 | 非易燃无毒气体 | （符号颜色：黑色或白色，底色：绿色） | 2.2 |

续表

| 标志号 | 标志名称 | 标志图形 | 类项号 |
|---|---|---|---|
| 标志 7 | 毒性气体 | （符号颜色：黑色，底色：白色） | 2.3 |
| 标志 8 | 易燃液体 | （符号颜色：黑色或白色，底色：正红色） | 3 |
| 标志 9 | 易燃固体 | （符号颜色：黑色，底色：白色红条） | 4.1 |

续表

| 标志号 | 标志名称 | 标志图形 | 类项号 |
|---|---|---|---|
| 标志10 | 自燃物品 | （符号颜色：黑色，底色：上白下红） | 4.2 |
| 标志11 | 遇湿易燃物品 | （符号颜色：黑色或白色，底色：蓝色） | 4.3 |
| 标志12 | 氧化剂 | （符号颜色：黑色，底色：柠檬黄色） | 5.1 |

附录 危险品危险性标签

续表

| 标志号 | 标志名称 | 标志图形 | 类项号 |
|---|---|---|---|
| 标志13（旧） | 有机过氧化物（此标志使用至2010年12月31日） |  （符号颜色：黑色，底色：柠檬黄色） | 5.2 |
| 标志13（新） | 有机过氧化物 |  （符号颜色：黑色或白色，底色：上红下黄） | 5.2 |
| 标志14 | 毒性物质 |  （符号颜色：黑色，底色：白色） | 6.1 |

续表

| 标志号 | 标志名称 | 标志图形 | 类项号 |
|---|---|---|---|
| 标志15 | 感染性物质 | （符号颜色：黑色，底色：白色） | 6.2 |
| 标志16 | 一级放射性物品 | （符号颜色：黑色，底色：上黄下白） | 7 |
| 标志17 | 二级放射性物品 | （符号颜色：黑色，底色：上黄下白） | 7 |

续表

| 标志号 | 标志名称 | 标志图形 | 类项号 |
|--------|----------|----------|--------|
| 标志 18 | 三级放射性物品 | （符号颜色：黑色，底色：上黄下白） | 7 |
| 标志 19 | 临界安全指数标签 | （符号颜色：黑色，底色：白色） | 7 |
| 标志 20 | 腐蚀品 | （符号颜色：上黑下白，底色：上白下黑） | 8 |

续表

| 标志号 | 标志名称 | 标志图形 | 类项号 |
|---|---|---|---|
| 标志21 | 杂项危险品 | （符号颜色：黑色，底色：白色） | 9 |

## 参考文献

[1] 中华人民共和国民用航空法［M］.北京：中国民航出版社，1995.

[2] 中华人民共和国治安管理处罚法［M］.北京：法律出版社，2012.

[3] 中华人民共和国民用航空安全保卫条例［M］.北京：中国民航出版社，1996.

[4] 中国民用航空安全检查规则［M］北京：中国民航出版社，2006.

[5] 王立军.安全检查员（第五版）［Z］北京：民航局职业技能鉴定指导中心，2011.

[6] 沈福荣，等.民用航空安全检查业务培训教材［Z］北京：中国民航局公安局，2000.

[7] 邵永亮.民航安检违禁物品［M］.北京：中国民航出版社，2018.

[8] 辜英智，刘存绪，魏春霖.民航安全检查基础［M］.成都：四川大学出版社，2018.